Lo que la gente dice sobre
A Su Imagen

"En la escritura de *A Su Imagen*, el Pastor Polson no solo hace un excelente trabajo al mostrarnos lo que significa ser creados a imagen de Dios, sino que también nos proporciona pasos muy prácticos que nos ayudarán en este proceso de transformación. ¡Creo que encontrarás que este libro es un paso positivo en ver a Dios transformarte en Su imagen"!
– *Mark Kirk, Pastor de Calvary Knoxville (Knoxville, Tennessee)*

"En una cultura inundada de conversaciones sobre la autoidentidad, el Pastor Sam Polson nos dirige a la identidad más verdadera de todas: nuestro Creador y Redentor, el Señor Jesucristo mismo. Al combinar con éxito una teología perspicaz y calidez pastoral, *A Su Imagen* enriquecerá la relación del lector con Dios. Puedo ver que este libro será particularmente útil para cualquier clase de escuela dominical, reunión de grupo pequeño o estudio bíblico en casa".
– *Dr. Greg Baker, Pastor de la Iglesia Bíblica Fellowship (Liberty, Utah)*

"Más allá de la forma profunda y fascinante en que el Pastor Sam Polson nos guía a través del hilo de la significación y las implicaciones prácticas del tema de la imagen de Dios en las Escrituras, *A Su Imagen* es un libro que surge tanto del estudio y la vivencia de esas verdades, como de una rica experiencia en el servicio pastoral. El libro nos despierta a una verdad simple, antigua pero siempre relevante, que el propósito y la pasión de Dios es ver a los humanos transformados a Su imagen, una imagen plenamente revelada en Cristo. Este es el desafío fundamental del Evangelio, ante el cual nadie puede permanecer neutral. El Pastor Sam ha querido a Rumania (junto con su esposa Susan, tienen un hijo adoptado de Suceava), ha estado involucrado durante muchos años junto con la Iglesia Bautista West Park en la misión cristiana en nuestro país, y me siento honrado por su amistad y su servicio conjunto. Estoy agradecido de que *A Su Imagen* esté disponible en rumano".

– *Pastor Eugen Groza, Iglesia Bautista Bethany (Timişoara, Rumania)*

"Cada uno de nosotros vive su vida diaria en función de cómo respondemos a dos preguntas humanas esenciales: '¿Quién soy yo?' y '¿Por qué estoy aquí?' *A Su Imagen* nos invita a reconsiderar y reconfigurar nuestras respuestas a estas preguntas fundamentales. Para los lectores que tienen oídos para oír al Espíritu hablar a través de Su Palabra, hay la promesa de una nueva vida en el presente y una nueva esperanza para el futuro a medida que adquirimos nuevas perspectivas sobre lo que significa ser completamente humano en Cristo".

– *Rick Dunn, Pastor de la Iglesia Fellowship Knoxville (Knoxville, Tennessee)*

"En el libro *A Su Imagen*, Sam Polson lleva al lector en un viaje que nos desafía a darnos cuenta de nuestro destino y propósito en la vida. Así como 'el hierro se afila con el hierro', encontramos maneras de apreciar y respetar la imagen de Dios en los demás a través del espejo de la Palabra. El Pastor Polson también nos desafía a darnos cuenta de cómo el enemigo desea distorsionar la imagen de Cristo en nuestra búsqueda por revelarlo al mundo. Les desafío a leer y crecer en la semejanza de nuestro Creador y Redentor. *In His Image* les inspirará, educará y guiará en ese proceso sagrado".

– *Rev. Sam Phillips, Iglesia de Dios (Cleveland, Tennessee)*

A SU IMAGEN

por SAM POLSON

Publishing
Angel
Climbing

A SU IMAGEN
Escrito por Sam Polson

Traducción al español publicada en 2024 por:
Climbing Angel Publishing
PO Box 32381
Knoxville, Tennessee 37930
http://www.ClimbingAngel.com

Primera Edición: Noviembre de 2024
Impreso en los Estados Unidos de América
Traducción de Tom Folden
Foto del autor por Stefan Holt
Diseño gráfico por Climbing Angel Publishing

ISBN: 978-1-956218-42-8
Library of Congress Control Number: 2017948121

Este libro está dedicado a mi hermano,
Lloyd Polson (1949-2017)
quien, a pesar de sus significativas discapacidades
mentales y físicas, fue el mejor ejemplo de una vida
vivida *A Su Imagen* que nunca he conocido.

CONTENIDO

PREFACIO

C uando era niño, mi padre me llevaba a Illinois para visitar a su familia. La mayoría de ellos eran originarios de las colinas de Kentucky, pero habían vivido y trabajado la tierra en Illinois durante la juventud de mi papá, principalmente durante la Depresión.

Después de convertirse en cristiano, mi padre quería regresar a su comunidad de infancia, encontrar a tantos amigos como fuera posible y contarles lo que el Señor había hecho por él. Son grandes recuerdos de mi vida estar con mi papá cuando él hablaba intencionadamente con alguien sobre Cristo. Mi padre tenía una alegre confianza en el Señor. Incluso en las dificultades, veía la vida como un regalo, y su espíritu era contagioso.

Recuerdo que en una de esas ocasiones viajamos a Illinois, y mi padre quería ver a uno de los hombres con los que había trabajado en los campos de maíz durante la Depresión. Localizó a este hombre y pasaron un tiempo compartiendo sobre el Señor. Cuando me presentó a este anciano cuya vista estaba fallando, el hombre me pidió que me acercara. Me planté frente a él, y él puso sus manos sobre mis hombros y me miró intensamente a la cara. Luego miró a mi padre, y nunca olvidaré su comentario. Dijo: "Luther, mientras ese chico viva, tú nunca morirás".

Cuando era niño, al principio no entendía eso, pero luego comencé a pensar en ello y comencé a comprender que me parecía a mi padre. Francamente, fue un poco desalentador porque nunca pensé que mi papá fuera un hombre guapo. Pero quiero decirte algo: a medida que yo crecí, mi papá también creció. ¿Has tenido esa experiencia? Siempre me sorprende lo mucho que aprendió mi padre mientras yo estaba en la universidad. A medida que yo crecía, mi papá crecía. Creció ante mis ojos. Y me di cuenta de que me alegraba parecerme a él. Pero también tenía el objetivo de *ser* como él. Quería llevar su imagen también en el interior.

En este libro, *A Su Imagen*, me gustaría animarnos a abrir nuestros corazones y mentes al increíble llamado y privilegio que cada hijo de Dios tiene en su vida. Cada uno de nosotros tiene el llamado y privilegio de reflejar la imagen de nuestro Padre—nuestro Padre *celestial*.

Quizás, cuando piensas en tu padre terrenal, vienen a la mente recuerdos difíciles. O tal vez eres tan bendecido como yo de tener muchos recuerdos agradables. Independientemente de cuál sea la imagen del padre en tu existencia física, todos absolutamente tenemos el mismo Padre en nuestra existencia espiritual. Y la gran convocatoria, el gran privilegio, el gran propósito en nuestras vidas es reflejar su imagen.

Creo que esta es la razón por la cual el Señor ha puesto este tema con tanta fuerza en mi corazón. Nuestra identidad personal, quiénes somos, nuestra perspectiva de los demás, nuestra visión de la vida, nuestra cosmovisión, nuestro propósito, "¿Por qué estoy aquí"? "¿Por qué nací"? "¿Por qué estoy en este planeta"? y todas las prioridades que fluyen de eso están ancladas en esta idea de que llevamos la imagen de Dios. No hay nada más significativo que esto. Nada. Nada es más importante para un cristiano que conocer y comprender el propósito de Dios en su vida como portador de su imagen.

A Su Imagen contiene siete capítulos, cada uno seguido de directrices que invitan a la reflexión para inspirar el autoestudio o el compartir en comunidad. El propósito de este mensaje es profundizar su comprensión del propósito por el cual fue creado: reflejar la imagen de Dios. Perseguir incansablemente el propósito de nuestro Creador es la clave para experimentar la vida como se supone que debe ser.

Sam Polson
Knoxville, Tennessee
November, 2024

Introducción

T odos somos portadores de la imagen de Dios. Este hecho no tiene nada que ver con la religión, nacionalidad, estatus económico, raza o incluso preferencia política de una persona. Sin embargo, no es sorprendente que el pecado se interponga en nuestro camino y nos impide en aceptar esta verdad fundamental. Pero el hecho sigue siendo el mismo: todos somos creados a imagen de Dios. Todas las personas. Cada uno de nosotros.

Jesucristo, el segundo Adán, fue el portador de la imagen *perfecta* de Dios. A través de su vida perfectamente vivida, Jesús brinda a sus seguidores la oportunidad de renovar lo que fue impactado por el pecado de Adán. A través del proceso de santificación, Dios restaura nuestro estatus como sus portadores de imagen en la Tierra. Con el tiempo, llegamos a estar equipados para ver a cada ser humano con nuevos ojos que se han abierto a la realidad de cuán precioso es cada ser humano para Dios.

Desafortunadamente, aquellos que se encuentran en posiciones de poder y privilegio tienden a adoptar la creencia de que Dios les ha otorgado una especial dispensa de su imagen. *A Su Imagen* desafiará esta forma de pensar a cualquiera que afirme que Jesucristo es su Señor y Salvador.

En Hechos 10:1-28, tenemos una historia sobre un sueño que fue dado por Dios a un gentil y a un judío. El *gentil*, Cornelio, es un temeroso de Dios dedicado a servirle. Dios honra a Cornelio con un sueño que inicialmente le causa un gran temor. Pero después de recuperarse de ese miedo, Cornelio actúa y responde en obediencia a Dios.

Mientras tanto, Pedro, un *judío*, un apóstol y un pilar de la iglesia, se enfrenta en un sueño a algunas creencias inconsistentes con el propósito de Dios. Se despierta con el entendimiento de que hay ciertas cosas que deben cambiar. Dios luego une a estas dos personas para que puedan participar como iguales en el propósito de Dios. En Hechos 10:25-28, se encuentran:

> *25 Al llegar Pedro a la casa, Cornelio salió a recibirlo*
> *y postrándose delante de él, le rindió homenaje.*
> *26 Pero Pedro hizo que se levantara y dijo:*
> *—Ponte de pie, que solo soy un hombre como tú.*
> *27 Pedro entró en la casa conversando con él y*
> *encontró a muchos reunidos.*
> *28 Entonces les habló así:*
> *—Ustedes saben muy bien que nuestra Ley prohíbe*
> *que un judío se junte con un extranjero o lo visite.*
> *Pero Dios me ha hecho ver que a nadie debo llamar*
> *impuro o inmundo.*

Dios le muestra a Pedro que debe respetar la imagen de Dios en alguien que es significativamente diferente a él—¡un gentil! Cuando respetamos la imagen de Dios en todas las personas, tenemos el privilegio de vivir el plan de Dios, que es mucho más grandioso que el nuestro.

Adán y Eva no tenían idea de las significativas implicaciones que tendría su único acto de desobediencia en toda la creación de Dios. En un momento egoísta, el plan de Dios de que cada individuo se respete mutuamente fue destrozado. Desafortunadamente, en un mundo destrozado, son las personas las que determinan lo que le da valor a alguien. Quizás el valor de alguien se determina por cuánto dinero gana, en qué lado de la vía vive, a quién votó, o si se graduó de Princeton o de la escuela de la vida. A veces, las *personas* en un mundo caído saben exactamente lo que se necesita para faltar al respeto a la imagen de Dios en cualquiera que sea diferente a ellos.

Como creyentes, debemos recordar que somos portadores de la imagen porque hemos sido comprados a un precio. Ya no somos nuestros propios dueños. Somos portadores de la imagen porque sabemos que Dios no nos eligió porque fuéramos mejores que los demás. Reconocemos que "en que cuando todavía éramos pecadores, Cristo murió por nosotros" (Rom. 5:8).

En el primer capítulo de *"A Su Imagen"*, Sam Polson discute la imagen de Dios reconocida y afirma que cada persona, desde la concepción hasta el último aliento, está hecha a imagen de Dios. El segundo capítulo aborda cómo esa imagen ha sido arruinada por el pecado. En los capítulos tres y cuatro, Sam discute el plan de Dios para redimir su imagen. Dios hizo una promesa de que enviaría a otro portador de la imagen, Jesús, y mediante su sacrificio expiatorio, nos redimiría de la maldición. Los capítulos 5, 6 y 7 revelan cómo el plan de Dios para una renovación completa se realiza—a través de Jesús, por nosotros, en nosotros y con nuestra cooperación.

En Hechos 10, Dios muestra a Pedro y Cornelio que son coiguales en *su* plan. A través de Cristo, podemos comenzar a vislumbrar el plan de Dios para nosotros hoy. En el plan de Dios, representantes de todos los pueblos de la Tierra vienen a abrazar el evangelio de Jesucristo. Dios está extendiendo esa invitación a todos: a toda la gente, a cada uno de nosotros.

Dr. Al Cage
West Park Baptist Church
Knoxville, Tennessee

R.E.A.P.
Guiá Para Cosechar
de La Palabra de Dios

Read (Leer): Lee el pasaje con cuidado y oración.

Examine (Examinar): Lee el pasaje nuevamente, anotando palabras clave o frases. Ten cuidado de señalar el contexto que rodea el pasaje. Haz preguntas sobre el pasaje. ¿Quién es la audiencia? ¿Qué situación está abordando el hablante o autor? ¿Cuál es el tema principal de este pasaje? Toma nota, en particular, de lo que aprendes sobre el Señor a partir del pasaje.

Apply (Aplicar): Considera cuidadosamente las impresiones en tu corazón mientras lees. ¿Cómo toca este pasaje áreas o situaciones específicas en tu vida? ¿Qué sabiduría estás obteniendo de este pasaje? ¿Qué estás aprendiendo sobre tu Señor en relación con tu experiencia espiritual actual?

Pray (Orar): Utiliza lo que el Señor ha revelado sobre sí mismo o sobre ti personalmente como una oportunidad para responderle directamente. Ora a Él en alabanza, arrepentimiento o súplica por otros, mientras el Espíritu Santo te guíe. Trata este tiempo en la Palabra de Dios no como un ejercicio devocional, sino como un encuentro personal con tu Dios Santo y tu Salvador amoroso.

PARTE 1:
A SU IMAGEN

REFLEJANDO A LA MÁS HERMOSA DE TODAS

C omencemos estableciendo la base de lo que significa ser hecho a imagen de Dios. Para ello, comenzaremos desde el principio: en Génesis, Capítulo Uno. Aquí, Dios narra la creación de la humanidad y el propósito de la humanidad como portadores de su imagen.

26 Luego dijo Dios: "Hagamos al ser humano a nuestra imagen y semejanza. Que tenga dominio sobre los peces del mar y sobre las aves del cielo; sobre los animales domésticos, sobre los animales salvajes y sobre todos los animales que se arrastran por el suelo".

27 Y Dios creó al ser humano a su imagen;

lo creó a imagen de Dios;

hombre y mujer los creó.

28 Y Dios los bendijo con estas palabras: "¡Sean fructíferos y multiplíquense; llenen la tierra y sométanla; dominen a los peces del mar y a las aves del cielo, y a todos los animales que se arrastran por el suelo"!

29 También dijo: "Yo les doy de la tierra todas las plantas que producen semilla y todos los árboles que dan fruto con semilla; todo esto les servirá de alimento. 30 Y doy la hierba verde como alimento a todas las fieras de la tierra, a todas las aves del cielo y a todos los seres vivientes que se arrastran por la tierra". Y así sucedió.

31 Dios miró todo lo que había hecho y consideró que era muy bueno. Vino la noche y llegó la mañana: ese fue el sexto día.

(Génesis 1:26-31)

Imagine tener el propósito de llevar la imagen de Dios. ¿Qué significa ser portador de la imagen de Dios? Observa este versículo extraordinario. "Luego dijo Dios: 'Hagamos al ser humano a nuestra imagen y semejanza'" (Gén. 1:26). La intención de Dios para la humanidad está envolvente en esas palabras: "imagen" y "semejanza".

IMAGEN Y SEMEJANZA

El ser humano creado a imagen de Dios no es algo que se pueda entender completamente porque, después de todo, estamos hablando de Dios. Se han escrito volúmenes de teología y filosofía sobre este tema. Por lo tanto, la idea de ser hecho a su imagen, en cierto modo, es indefinible.

Quizás la mejor manera de abordar esto es pensar en cómo Dios utilizó primero las palabras cuando dijo que creó a la humanidad a su imagen y semejanza. ¿Qué podemos entender de eso? La palabra "imagen" y la palabra "semejanza" se utilizan indistintamente en el Antiguo Testamento. Su significado es muy cercano. Hay varias ideas detrás de ellas, pero las palabras pueden usarse de manera intercambiable.

La palabra "imagen" es la palabra hebrea *Tselem*. En el Antiguo Testamento, Tselem se utiliza casi siempre en una connotación negativa, donde Dios advierte repetidamente a su pueblo que no haga nada a su imagen. No debían hacer nada que representara a Dios o a algún otro dios falso que estuviera destinado a ser adorado o venerado.

La palabra "semejanza" es la palabra hebrea *Demuth*, y tiene la idea de ser similar al original, no idéntico, sino similar. A partir del significado de estas dos palabras, surgen dos conceptos básicos en relación a lo que significa que Dios creó a la humanidad a su imagen y según su semejanza.

LOS SERES HUMANOS SON COMO DIOS

Aparte del pecado, los seres humanos son como Dios. En los capítulos que vienen, discutiremos cómo el pecado ha distorsionado la imagen de Dios en el hombre, pero el hombre todavía retiene la imagen de Dios. Así que, los seres humanos son como Dios. Sin embargo, Dios no es físico, por lo que esta semejanza no se refiere a nuestros cuerpos físicos. Dios es Espíritu. Los seres humanos son como Dios en espíritu. Pero, debido a que tenemos cuerpos físicos, ayudamos a hacer visibles los atributos invisibles de Dios.

Los seres humanos fueron creados, en parte, para hacer visibles los atributos invisibles de Dios.

Estos atributos de Dios que se pueden compartir se manifiestan en los seres humanos.

LOS SERES HUMANOS REPRESENTAN A DIOS

También aprendemos que no solo somos como Dios, sino que los seres humanos también representan a Dios. "Hagamos al ser humano a nuestra imagen y semejanza" (Gén. 1:26).

Representamos a Dios en relación con el resto de lo que Dios ha creado. La humanidad es distinta del resto de la creación, y se nos ha dado autoridad sobre todo lo que Dios ha hecho. Dios dijo: "¡Sean fructíferos y multiplíquense; llenen la tierra y sométanla; dominen a los peces del mar y a las aves del cielo, y a todos los animales que se arrastran por el suelo"! (Gén. 1:28). En 1 Corintios 6, se nos recuerda que un día los seres humanos redimidos juzgarán incluso a los ángeles. Así, la intención de Dios al crearnos tiene mucho que ver con su propia imagen y semejanza. Fuimos creados para ser como Dios y representarlo. ¿En qué somos los humanos más parecidos a Dios que el resto de su creación? Hay cuatro implicaciones a considerar.

ÉTICA

Los seres humanos son *moralmente* más parecidos a Dios. Tenemos la capacidad de razonar, usar la lógica y aprender. Esto nos distingue del resto de la creación. Es cierto que algunos animales tienen una notable capacidad de aprender y poseen capacidades cognitivas destacables. Pero hay una diferencia. Los animales no participan en el razonamiento abstracto. No se ve a los animales escribiendo la historia de su especie. Los animales no se involucran en el arte para mostrar la naturaleza. Los animales no escriben literatura. Los animales no participan en la explicación de conceptos filosóficos.

También se nos ha dado un sentido interno de la diferencia entre el bien y el mal. El apóstol Pablo dice que tenemos la ley de Dios escrita en nuestros corazones. ¿No es eso interesante? Las personas en todas partes, en todo tiempo, han tenido un sentido interno de la diferencia entre lo que es correcto y lo que es incorrecto porque fueron creadas a imagen de Dios.

RESPONSABLE

Todos los humanos tienen una conciencia de *responsabilidad*. Hay un entendimiento innato de que hemos sido creados y que tendremos que rendir cuentas. Esta es una conciencia de Dios que todas las personas tienen. Por eso nunca se ha encontrado un grupo de seres humanos, jamás, que no adore.

Todos los seres humanos adoran.

Las personas pueden pervertir esa adoración para la adoración de sí mismas, pero todos los seres humanos adoran. En todos nosotros hay una conciencia de Dios y también un deseo de adorar a ese Dios.

ESPIRITUAL

Ser creados a imagen de Dios tiene aspectos *espirituales*. Esto significa que no somos solo cuerpos físicos. Ser hechos a imagen de Dios significa que nuestro verdadero ser es inmaterial. Somos seres espirituales. Tenemos cuerpos físicos para este mundo donde Dios nos ha colocado, pero nuestro verdadero ser es inmaterial. Tenemos una vida espiritual para poder conectarnos con Dios, que es Espíritu. *Nuestro* espíritu puede conectarse con su Espíritu. Tenemos vida espiritual y *existencia inmortal*. Debido a que somos creados a imagen de Dios, viviremos para siempre. Dentro de mil millones de años, cada uno de nosotros seguirá vivo.

**Dentro de mil millones de años,
cada uno de nosotros seguirá vivo.**

RELACIONAL

También hay un aspecto *relacional* en ser creado a imagen de Dios. Hay algo notable en Génesis 1:26. Vamos a verlo de nuevo. "Hagamos al ser humano a nuestra imagen y semejanza". ¿A quién se refiere "nosotros hagamos" y a quién se refiere "nuestra"? Esto es Dios hablando, y Dios dice, "Nosotros." Esta es la primera pista en la Biblia de que dentro del único Dios, hay una pluralidad de personalidades. Esta es la primera referencia a la Trinidad, que será revelada a lo largo de las Escrituras. Dios es uno, pero existe eternamente en tres personas: Padre, Hijo y Espíritu Santo, de manera que en Dios hay relación. En Dios, hay una comunidad espiritual real.

Es algo asombroso en lo que pensar. Al crearnos a su imagen, Dios nos permite entrar en la comunión que existe entre el Padre, el Hijo y el Espíritu Santo. Nunca seremos iguales a Dios, pero al ser hechos a su semejanza, según su imagen, y dados una existencia espiritual, podemos entrar en comunión con Dios y con todas sus Personas. Y podemos hacer esto juntos. Eso es, en última instancia, de lo que se trata el cuerpo de Cristo. Nosotros, como cristianos, nos reunimos en adoración, y nuestros espíritus, dados a nosotros por Dios, están en comunión con su Espíritu en adoración, y estamos haciendo esto juntos como el cuerpo de Cristo. ¡Qué asombroso! Cuando pensamos en la intención de Dios en la creación de la humanidad, debería llevarnos a adorar.

Consideremos lo que David escribió sobre su adoración mientras pensaba en sí mismo y en la humanidad en el Salmo 8:3-6.

3 Cuando contemplo tus cielos,
obra de tus dedos,
la luna y las estrellas que allí fijaste,
4 me pregunto:
"¿Qué es el hombre para que en él pienses?
¿Qué es el hijo del hombre para que lo tomes en cuenta"?
5 Lo hiciste poco menor que los ángeles
y lo coronaste de gloria y de honra.
6 Le diste dominio sobre la obra de tus manos;
todo lo pusiste bajo sus pies:

David está pensando en esta increíble y asombrosa verdad: que los seres humanos están hechos a imagen de Dios y se les ha dado dominio sobre las obras de las manos de Dios. Esto es digno de *adoración*, pero la forma en que esto se vuelve aún más digno de adoración es cuando se vuelve *personal*. Cuando tomamos estas verdades fundamentales y comenzamos a hacerlas personales, descubrimos que no solo toda la *humanidad* está hecha a imagen de Dios, sino también cada *individuo*. Tú estás hecho a imagen de Dios.

Y Dios creó al ser humano a su imagen;
lo creó a imagen de Dios;
hombre y mujer los creó.
(Génesis 1:27)

Dios creó a la humanidad, y creó a la humanidad como hombre y mujer. Tanto los hombres como las mujeres son portadores de la imagen de Dios. Pero los hombres y las mujeres fueron creados de manera distintiva. Dios dice: "Hombre y mujer los creó". Génesis 2:7 nos proporciona detalles aún más íntimos de la historia de la creación relacionada con la creación del hombre. Vemos en este versículo cómo la creación del hombre se vuelve muy personal y muy individual. "Y Dios el Señor formó al ser humano del polvo del suelo; entonces sopló en su nariz aliento de vida y el hombre se convirtió en un ser viviente" (Gén. 2:7).

¡Hay una intencionalidad tan clara en esto! Se nos da una imagen en nuestras mentes de Dios de rodillas, recogiendo un poco de tierra y moldeando esa tierra en la forma de un hombre. Luego, observa la intimidad cuando las Escrituras dicen que Dios sopló en las fosas nasales del hombre el aliento de vida. Dios está creando a Adán, y lo está haciendo de manera *personal* e *individual*. Está infundiendo su propia vida en el cuerpo de este ser humano. No hay nada *evolutivo* en esto. No hay aleatoriedad. Tampoco hay eones de tiempo pasando con partículas uniéndose de la nada. Este es Dios Todopoderoso involucrado de manera individual e íntima en la creación del hombre. El hombre es creado no de manera aleatoria, sino con una intimidad personal muy real. Y la misma intencionalidad ocurre con la creación de la mujer.

18 Luego Dios el Señor dijo: "No es bueno que el hombre esté solo. Voy a hacerle una ayuda adecuada".
19 Entonces Dios el Señor formó de la tierra toda ave del cielo y todo animal del campo. Se los llevó al hombre para ver qué nombre les pondría. El hombre puso nombre a todos los seres vivos y con ese nombre se les conoce.
20 Así el hombre fue poniéndoles nombre a todos los animales domésticos, a todas las aves del cielo y a todos los animales del campo.
Sin embargo, no se encontró entre ellos la ayuda adecuada para el hombre. 21 Entonces Dios el Señor hizo que el hombre cayera en un sueño profundo y, mientras este dormía, le sacó una costilla y cerró la herida. 22 De

la costilla que le había quitado al hombre, Dios el Señor
hizo una mujer y se la presentó al hombre,
(Génesis 2:18-22)

Observa que Dios está creando tanto a Adán como a Eva de manera *equitativa*. Utiliza los mismos materiales básicos. Aunque se toma una costilla del hombre para hacer a Eva, sigue siendo el mismo material básico. Dios está creando de manera única a la mujer como compañera/contraparte del hombre. Ambos son diferentes y únicos, pero ambos son portadores de la imagen de Dios. Y cuando Dios llevó a la mujer al hombre, estoy seguro de que Adán exclamó resonantemente: "¡Viva la diferencia"! Tanto el hombre como la mujer son portadores de la imagen de Dios, creados distintivamente por Dios y creados para esa distinción.

Y Dios creó al ser humano a su imagen;
lo creó a imagen de Dios;
hombre y mujer los creó.
(Génesis 1:27)

La diferencia entre hombres y mujeres está determinada por *Dios*. No es determinada por el *hombre*. Tampoco es *auto-determinada*. Es Dios quien designa el propio ADN de los seres humanos. Este ensamblaje del material genético no se realiza por *determinación* automática, ni por determinación *humana,* ni por determinación *cultural*, sino por determinación de Dios.

Reflexiona por un momento sobre la importancia de la imagen de Dios. La imagen de Dios es tan importante para el Señor que le preocupa mucho proteger y respetar esa imagen. Los portadores de la imagen deben ser respetados y protegidos. De hecho, la primera responsabilidad que Dios otorgó al gobierno humano fue proteger su imagen. Génesis 9 detalla el relato de Noé y su familia al salir del Arca. Dios había destruido la Tierra debido a la maldad de la humanidad, y luego hizo un pacto con la humanidad. La señal de ese pacto es el arcoíris, y cada vez que lo vemos, se nos recuerda el pacto que Dios ha hecho con nosotros.

Es importante recordar una de las responsabilidades de ese pacto que Dios dio a la humanidad. "Si alguien derrama la sangre de un ser humano, otro ser humano derramará la suya, porque el ser humano ha sido creado a imagen de Dios mismo" (Gén. 9:6). Dios proclama que el crimen de asesinato es mucho más que el quitar una vida. Es un asalto al mismo Dios porque cada ser humano está hecho a su imagen. Dios dijo que cualquiera que sea culpable de asesinar a alguien de manera deliberada, es decir, alguien que fue hecho a imagen de Dios, es culpable de asaltar la representación misma de Dios. La vida del asesino debe ser renunciada como resultado de aquel crimen. Esa orden está en el pacto que está representado por el arcoíris. Dios quiere que se protejan las vidas humanas y desea que se respete a quienes son portadores de su imagen.

Dios quiere que los portadores de imagen sean protegidos y respetados.

En Santiago 3:8-9, Santiago dijo: "...pero nadie puede domar la lengua. Es un mal irrefrenable, lleno de veneno mortal. Con la lengua bendecimos a nuestro Señor y Padre, y con ella maldecimos a las personas, creadas a imagen de Dios". El Señor no toma a la ligera la difamación del carácter de otra persona. Tampoco toma a la ligera los ataques maliciosos hacia los demás, porque esos "demás" son otros portadores de su imagen. Representan a Dios. La imagen de Dios debe ser protegida y respetada.

Ser portadores de la imagen es donde comienza una auténtica autoimagen e identidad. Por mucho que escuchemos sobre la identidad personal y la autoimagen, no podemos comprender plenamente la autoimagen y la identidad personal sin la verdad de que somos portadores de la imagen.

Estamos hechos a imagen de Dios.

No es posible encontrar nuestra verdadera identidad en nosotros mismos, por nosotros mismos. No puede ser descubierta a través de nuestro propio esfuerzo. Nuestra identidad proviene de ser creados a imagen de Dios. Se encuentra en Aquel que nos hizo y en cuya imagen llevamos.

David nos lleva a la maravilla y la adoración en el Salmo 139. Si no hubiera más palabras en la Biblia además que estas, sabríamos lo que Dios dice sobre la vida, incluso la vida de los no nacidos. Claro, no están nacidos, pero, sí, tienen vida. Ya son portadores de la imagen. La Biblia está repleta del concepto de dar honor a la vida. Aquí, encontramos a David adorando a Dios de manera hermosa, infinita e íntima. "Tú creaste mis entrañas; me formaste en el vientre de mi madre" (Sal. 139:13). Esta creación de la vida no es aleatoria, ni es por azar.

13 Tú creaste mis entrañas;
me formaste en el vientre de mi madre.
14 ¡Te alabo porque soy una creación admirable!
¡Tus obras son maravillosas
y esto lo sé muy bien!
15 Mis huesos no te fueron desconocidos
cuando en lo más recóndito era yo formado,
cuando en lo más profundo de la tierra era yo entretejido.
(Salmo 139:13-15)

David está hablando sobre la formación del cuerpo humano en el oscuro lugar del vientre materno. Al igual que las profundidades de la tierra, allí en la oscuridad, e incluso antes de que la madre sepa que el niño esté presente, Dios está entrelazando los tejidos y la estructura de ese cuerpo.

"Tus ojos vieron mi cuerpo en gestación" (Sal. 139:16). La palabra hebrea para embrión significa "sustancia sin forma" y se refiere específicamente al embrión humano. David está diciendo que Dios lo vio y lo conoció en su estado embrionario y que incluso antes de que tuviera un cuerpo físico, según la mente de Dios, David era una persona viva. Dios lo vio, y David continúa, "...todo estaba ya escrito en tu libro; todos mis días se estaban diseñando, aunque no existía uno solo de ellos" (Sal. 139:16).

Todo ser humano, mientras se forma en el seno materno y hasta el momento mismo de su muerte, tiene dignidad, valor y valía por ser portador de la imagen. Somos creados personalmente y amorosamente por Dios. *Dios te creó.* Afirmar esto como verdad no es arrogante ni orgulloso. La declaración, "Dios me creó" es el comienzo de la verdadera sabiduría.

Dios te creó precisamente.

Dios eligió las características únicas que son parte de ti. Su plan y propósito soberanos están envueltos en las mismas características de tu cuerpo. Y te creó intencionalmente. La Biblia dice que fuiste creado para los días que fueron formados para ti (Sal. 139:16).

El hecho de que estamos hechos a la imagen misma de Dios es algo asombroso y maravilloso. Nos da nuestra identidad y nuestras características humanas. Saber que somos portadores de su imagen nos permite comprender el propósito mismo de nuestras vidas. Esa imagen ha sido dañada por el pecado, pero gracias a Dios, como veremos, hay Uno que ha sido enviado por Él. Y este Uno también ha sido hecho a la imagen de Dios, la imagen de su Hijo. Él ha venido a liberarnos de la imagen distorsionada que trajo el pecado. Nos centraremos en esta gloriosa verdad en los capítulos siguientes.

R.E.A.P.
Guiá Para Cosechar
de La Palabra de Dios

READ (Leer):
- Lea Génesis 1:26-31 y Salmo 8.
- ¿Qué crees que el Espíritu Santo pretende enseñarnos con este pasaje?

EXAMINE (Examinar):
- ¿Qué te enseñó Dios a través de *A Su Imagen*, Capítulo 1?
- El Salmo 8 describe nuestra posición como portadores de la imagen de Dios, incluso en el mundo caído en el que vivimos ahora. ¿Cuál debería ser nuestra respuesta a esta posición privilegiada (Sal. 8:1, 8:3-4 y 8:9)?
- ¿Cuáles son algunas maneras en que Dios ha hecho que hombres y mujeres sean como Él (Sal. 8:5-8)?
- ¿Qué hay que aprender acerca de Dios tanto en Génesis 1 como en el Salmo 8 que te hace amarlo y adorarlo?

APPLY (Aplicar):
- ¿Cómo debería una comprensión adecuada de la imagen de Dios cambiar tu forma de pensar y actuar hacia aquellas personas que se consideran débiles, insignificantes o poco atractivas según el mundo?

PRAY (Orar):
- Alaba a Dios por crearte a ti y a quienes te rodean.
- Pide gracia para vivir fielmente como representante de Dios en la Tierra.

PARTE II:
LA IMAGEN DE DIOS
DISTORSIONADA

2

Espejos Destrozados, Sueños Rotos,

M i esposa Susan y yo estábamos recordando recientemente nuestra juventud en el Medio Oeste de los Estados Unidos y como asistimos a las ferias del condado. Las ferias del condado eran un gran acontecimiento. Las escuelas se cancelaron, y disfrutábamos todo el día con nuestros amigos, comiendo buena comida, disfrutando de divertidos juegos mecánicos y jugando a juegos desafiantes.

Recuerdo especialmente la Casa de los Espejos. Qué momento tan fantástico pasaríamos mirando nuestras imágenes alteradas. Veíamos el reflejo de nuestros amigos en el espejo, hacíamos caras unos a otros y nos caíamos al suelo riendo. Fue un momento increíble. Íbamos zigzagueando a través del laberinto de imágenes y a veces nos desorientábamos y perdíamos. Después de un tiempo, sin embargo, nos cansábamos de los extraños reflejos. Francamente, me alegro de haber salido de allí y que la experiencia hubiera terminado.

Pero imagina, ¿qué pasaría si no pudieras salir? ¿Qué pasaría si las imágenes reflejadas continuaran una y otra vez, y cuando finalmente escaparas, el mundo más grande a tu alrededor siguiera lleno de las mismas imágenes distorsionadas? ¿Qué pasaría si tu imagen estuviera permanentemente distorsionada y el mundo entero estuviera poblado con gente que también tuvieren imágenes alteradas?! Algunos de ustedes podrían decir: "Creo que vi ese episodio de *The Twilight Zone* de Rod Serling". Pero déjenme decirles algo: es el mundo real en el que vivimos. Según la Biblia, somos nosotros las imágenes distorsionadas.

En Génesis, capítulo 1, la Biblia nos dice que somos creados a imagen de Dios. ¡Increíble! ¡Asombroso! Es abrumador, pero cierto, que cada ser humano está hecho a imagen de Dios. Pero si eso sea cierto, y sí, es absolutamente cierto, ¿cómo se ha distorsionado tanto la imagen de Dios? ¿Cómo pueden los miles de millones de personas en este planeta ser tan distintas del Dios del que cantamos en la adoración? ¿Cómo podemos ser tan diferentes de Aquél cuya imagen llevamos? Quizás la pregunta más importante es: ¿Qué podemos hacer al respecto? La respuesta al problema se encuentra en la fuente del problema—cuando comenzó la distorsión. Leamos en Génesis 3:1-15 cómo se distorsionó tanto la imagen de Dios en los portadores de la imagen:

1 La serpiente era más astuta que todos los animales del campo que Dios el Señor había hecho, así que preguntó a la mujer:
—¿Conque Dios les dijo que no comieran de ningún árbol del jardín?
2 —Podemos comer del fruto de todos los árboles —respondió la mujer—. 3 Pero en cuanto al fruto del árbol que está en medio del jardín, Dios nos ha dicho: "No coman de ese árbol ni lo toquen; de lo contrario, morirán".

4 Pero la serpiente dijo a la mujer:

—¡No es cierto, no van a morir! 5 Dios sabe muy bien que cuando coman de ese árbol se les abrirán los ojos y llegarán a ser como Dios, conocedores del bien y del mal. 6 La mujer vio que el fruto del árbol era bueno para comer, y que era atractivo a la vista y era deseable para adquirir sabiduría; así que tomó de su fruto y comió. Luego dio a su esposo, que estaba con ella, y él también comió. 7 En ese momento los ojos de ambos fueron abiertos y tomaron conciencia de su desnudez. Por eso, para cubrirse entretejieron hojas de higuera.

8 Cuando el día comenzó a refrescar, el hombre y la mujer oyeron que Dios el Señor andaba recorriendo el jardín; entonces corrieron a esconderse entre los árboles para que Dios no los viera. 9 Pero Dios el Señor llamó al hombre y dijo:

—¿Dónde estás?

10 El hombre contestó:

—Escuché que andabas por el jardín y tuve miedo porque estoy desnudo. Por eso me escondí.

11 —¿Y quién te ha dicho que estás desnudo? —preguntó Dios—. ¿Acaso has comido del fruto del árbol que yo te prohibí comer?

12 Él respondió:

—La mujer que me diste por compañera me dio de ese fruto y yo lo comí.

13 Entonces Dios el Señor preguntó a la mujer:

—¿Qué es lo que has hecho?

—La serpiente me engañó, y comí —contestó ella.

14 Dios el Señor dijo entonces a la serpiente:

"Por causa de lo que has hecho,
¡maldita serás entre todos los animales,
tanto domésticos como salvajes!
Te arrastrarás sobre tu vientre
y comerás polvo todos los días de tu vida.

15 Pondré enemistad entre tú y la mujer,
y entre tu simiente y la de ella;
su simiente te aplastará la cabeza,
pero tú le herirás el talón".
(Génesis 3:1-15)

Así es como el mundo en el que vivimos se convirtió en una Casa de Espejos. Nuestras vidas, originalmente diseñadas para ser portadoras de la imagen de Dios, están llenas de imágenes distorsionadas. Cómo nos impacta esto y cómo somos capaces de superarlo, en cierta medida, está incluido en este relato del Génesis porque esta trágica historia también contiene la maravillosa respuesta.

¿Cómo fue posible que un desastre así pudiera ocurrir en el paraíso? ¿Cómo comenzó? Comenzó al faltar el respeto a Dios. Dios fue *tergiversado*, si se quiere. Y la tergiversación fue hecha primero por el maestro de las ilusiones y las sombras —Satanás. En la historia, Satanás adopta la forma de una serpiente. ¿Qué apropiado es eso?! Se le llama en la Biblia "Aquella serpiente antigua que se llama Diablo y Satanás que engaña al mundo entero" (Ap. 12:9 y 20:2).

Satanás está en el jardín. Nota su astucia y habilidad. No se presenta ante los portadores de la imagen, Adán y Eva, con un ataque directo a Dios. Sabe que eso no funcionará. Adán y Eva conocen a Dios. Aman a Dios. Así que, Satanás no se acerca a ellos con un asalto directo a Dios. En cambio, llega con una pregunta. Es la primera pregunta registrada en la Biblia. Y la pregunta no es solo una pregunta. Hay un propósito detrás de la pregunta. La pregunta es una *insinuación*. Es una duda sobre la veracidad de Dios y una insinuación de que Dios no es digno de confianza.

"La serpiente era más astuta que todos los animales del campo que Dios el Señor había hecho, así que preguntó a la mujer: —¿Conque Dios les dijo que no comieran de ningún árbol del jardín"? (Gén. 3:1). ¿Cuál es el primer ataque de Satanás contra la humanidad? Se encuentra en la astuta cuestionamiento de la Palabra de Dios. Satanás puso un signo de interrogación donde Dios puso un punto.

Satán pone un signo de interrogación donde Dios pone un punto.

Dios dijo: "No deben comer de este árbol, porque de lo contrario morirán". Y Satanás dijo: "¿En realidad Dios dijo eso"? Satanás comienza cuestionando si la verdad es absoluta o relativa. "¿En realidad Dios dijo esto"? A continuación, Satanás cuestiona los *motivos* de Dios. Observe que rápidamente pasa de cuestionar la *veracidad* de Dios a cuestionar su *confiabilidad*. "Pero la serpiente dijo a la mujer: —¡No es cierto, no van a morir! Dios sabe muy bien que cuando coman de ese árbol se les abrirán los ojos y llegarán a ser como Dios, conocedores del bien y del mal" (Gén. 3:4-5).

¿Notas la progresión aquí? Satanás comienza cuestionando la veracidad de Dios, y luego no solo cuestiona el mensaje de Dios, sino también su motivación. Cuestiona el corazón de Dios. Satanás siembra la duda en la mente de Eva. *"Dios realmente no está siendo honesto contigo, Eva." Y luego Satanás pasa a decir: "Dios realmente no es bueno. Oh, lo sé, él se muestra como bueno y parece bueno, pero en realidad no es bueno porque sabe algo que no quiere que sepas. Está experimentando algo que no quiere que experimentes. Dios realmente te está reteniendo, Eva."* Y aquí está su mentira susurrante: *"Dios es codicioso de su divinidad y no quiere compartir su divinidad contigo".*

¿Qué está haciendo Satanás? Está hablando desde su propio corazón maligno. Después de todo, fue Satanás quien, hace eones, dijo que sería como el Altísimo. Y ahora saca de su propia maldad esta siniestra mentira: *"Dios no es realmente bueno. Él está reteniendo algo. Y si decides expresar tu libertad, sabrás lo que es ser Dios"*. Y Eva escuchó. Hay una lección valiosa en esto para nosotros. Nunca escuches a una serpiente, incluso si la serpiente tiene dos piernas. Nunca escuches a una serpiente que cuestiona la Palabra de Dios.

Nunca escuches a ninguna *serpiente* que cuestione la Palabra de Dios.

Eva *escuchó*. Y luego su respuesta fue un poco más allá. Eva escuchó a Satanás, y *luego miró*. Eva está mirando, pero está mirando en la dirección equivocada. No está mirando a Dios. Comienza a mirar en otra parte. Comienza a cambiar su enfoque de un enfoque en Dios y en quién es ella en Dios, y comienza a observar lo que "supuestamente" le están reteniendo. Su enfoque se desplaza.

Desafortunadamente, este es el siguiente paso hacia abajo. Aún no ha ocurrido ningún pecado. Nada ha sido violado, pero hay un paso dado en la dirección equivocada. La atención de Eva se desplaza.

> *La mujer vio que el fruto del árbol era bueno para comer, y que era atractivo a la vista y era deseable para adquirir sabiduría; así que tomó de su fruto y comió. Luego dio a su esposo, que estaba con ella, y él también comió.*
> (Génesis 3:6)

¿Ves el cambio de *enfoque*? La atención de Eva se desplaza de su creador a lo creado. Cambia hacia dónde mira, de el creador (aquel que la hizo a su imagen) a las cosas que Dios creó.

Eve cambió su enfoque del *creador*
a lo *creado*.

Y luego, nota esto; es muy sutil. El enfoque de Eva cambia de su *libertad* a una sola *limitación*. Ella tiene plena libertad. Cualquiera de los árboles. Cualquiera de la fruta. Cualquiera de la vegetación en toda su deleitosidad. Todo es suya. El mundo es suya. El paraíso es suya. Sin embargo, cambia su enfoque de toda la libertad que tiene a la única limitación. Exactamente ahí es donde Satanás quiere que ella se concentre. No quiere que piense en su libertad. Quiere que se enfoque en su única limitación. ¿Te suena familiar?

La Biblia dice: "La mujer vio" (Gén. 3:6). Ella contempló atentamente este fruto. *Vio* que era bueno para comer y agradable a la vista. Prometía hacer a uno sabio. Cuanto más se concentraba Eva en el fruto, más grande y más jugoso se volvía en su mente. Se concentró intensamente en lo que estaba prohibido. Dios había dicho: "Esta única cosa está fuera de límites". Y a medida que se enfocaba en ello, se volvía aún más deseable y maravilloso para ella. Esta es la definición misma del inicio del deseo. No deseo sexual, sino deseos mundanos, deseando lo que el Padre ha prohibido. Lo que está prohibido se convierte en el enfoque.

La tentación es cuando lo *prohibido*
se convierte en nuestro *enfoque*.

El apóstol Juan escribió a los cristianos en el siglo I y también nos habla hoy:

No amen al mundo ni nada de lo que hay en él. Si alguien ama al mundo, el amor del Padre no está en él. Porque nada de lo que hay en el mundo —los malos deseos de la

carne, la codicia de los ojos y la arrogancia de la vida—,
proviene del Padre, sino del mundo.
(1 Juan 2:15-16)

¿En qué se centró Eva? Vio el fruto y que era bueno para comer. (Los malos deseos de la carne.) Vio que era delicioso a la vista. (La codicia de los ojos.) Y deseó hacerse sabia. (La arrogancia de la vida.)

¿Ves lo que se describe aquí? El enfoque del portador de la imagen se está alejando de Dios y dirigiéndose hacia un enfoque en sí mismo. Su atención no está en la libertad, sino en las limitaciones y lo que está prohibido. Es la absorción en sí misma la que comienza a tener un impacto en el corazón de Eva. El elemento básico del pecado es el egoísmo. Es el propio ADN del pecado. El razonamiento centrado en uno mismo fluye así: *"¿Quieres esto? Puedes tenerlo. Puedes ser más de lo que eres. Libérate de esas cadenas de la religión que te retienen. Libérate de toda esa enseñanza legalista donde algunas cosas son correctas y otras son incorrectas. Puedes crecer y experimentar lo que significa ser tu propia persona".* ¿Te suena familiar? ¿Te parece aplicable a la cultura de hoy?

El elemento básico del pecado es el egoísmo.

El egoísmo vende. Así es como vendemos coches hoy en día. Así es como vendemos cereales. Así es como explicamos a las personas cómo encontrar su carrera profesional. Egoísmo. Es el ADN del pecado. Y conduce a una traición pecaminosa. Llevó a Eva a una deslealtad hacia Dios. El portador de la imagen desplazó su enfoque, y la llevó a la deslealtad. ¿Qué trajo tal devastación? Mira de nuevo Génesis 3:6. Esto es lo que sucedió:

La mujer vio que el fruto del árbol era bueno para comer, y
que era atractivo a la vista y era deseable para adquirir
sabiduría; así que tomó de su fruto y comió. Luego dio a su
esposo, que estaba con ella, y él también comió.

(Génesis 3:6)

Alguien podría preguntar: "¿Eso es todo? ¿Un mordisco a la manzana y el mundo entero se va al infierno? ¿De verdad? ¿Y todo lo malo en el mundo fluye de esto"?! No, no es el mordisco a la manzana. Es la traición que está en el mordisco. Es la traición a Dios. Los portadores de la imagen le dicen a Aquél en cuya imagen fueron creados: "Nosotros seremos los que decidiremos lo que hacemos. Tú dices que no. Nosotros decimos que sí".

La gran tragedia está en el acto de la traición. Al traicionar a Dios, hay algo que Adán y Eva no comprendieron. No entendieron que al traicionar a Dios, se *traicionaban* a sí mismos. Pensaron que podían comer del fruto prohibido y que no tendría ningún efecto sobre ellos. Pero fueron creados a imagen de Dios, y al traicionar a Dios, estaban traicionando su propia identidad.

Al traicionar a Dios,
traicionamos nuestra propia identidad.

¿Cuál es la esencia del pecado? Rebelión. Traición. El pecado es traición alta contra Dios. No es un mordisco de la manzana. No es solo un pequeño error. Es traición contra nuestro Padre Celestial. Por lo tanto, el pecado va en contra de nosotros mismos. Traicionamos a nosotros mismos, que estamos hechos a imagen de Dios. Nos lanzamos un gran golpe a Dios y nos damos una bofetada en la cara.

Entonces, ¿qué sucedió realmente con Adán y Eva? En apariencia, nada realmente ocurrió. No hubo relámpagos, ni terremotos, ni fuego y azufre. Adán y Eva seguían luciendo igual. De hecho, sus papilas gustativas probablemente estaban cantando "El Coro Aleluya". Pero el jugo de esa fruta era el néctar de la destrucción porque, aunque Adán y Eva parecían iguales, no eran lo mismo. Y lo sabían. En ese momento, estos portadores vivos de la vida y la belleza se convirtieron en imágenes vivas de la muerte y la distorsión.

Aún eran portadores de la imagen, sí, pero de inmediato descubrimos las grietas en el espejo. En la imagen que Adán y Eva reflejaban, ahora había distorsión. Al observar lo que les sucedió, también debemos mirarnos con atención, porque nuestra deslealtad a Dios provoca lo mismo: distorsión.

Nuestra deslealtad a Dios causa distorsión.

Entonces, ¿qué sucedió realmente cuando Adán y Eva se volvieron desobedientes? La imagen de Dios en ellos se distorsionó. Vemos que esto ocurre de cuatro maneras:

AVERSIÓN

Primero reconocemos la distorsión en la aversión. Adán y Eva ahora tienen una aversión hacia Dios.

Cuando el día comenzó a refrescar, el hombre y la mujer
oyeron que Dios el Señor andaba recorriendo el jardín;
entonces corrieron a esconderse entre los árboles para que
Dios no los viera. Pero Dios el Señor
llamó al hombre y dijo:
—¿Dónde estás?
(Génesis 3:8-9)

El mismo Padre amoroso, bueno y bondadoso se acerca a sus portadores de imagen, pero en lugar de correr hacia Él, como siempre lo habían hecho Adán y Eva antes, ahora se esconden de Él. Se esconden de la misma presencia del Señor. Él los llama. *"Adán, ¿dónde estás? ¿Dónde estás, Eva"?* Y se esconden de su Padre amoroso. ¿Te imaginas esconderte de la fuente de bondad y amabilidad en tu vida? ¿Esconderte de Aquel que te ha proporcionado el paraíso? ¿Esconderte de Aquel que te creó y te hizo a su imagen? ¡Qué distorsión! Adán y Eva ahora se escondían de Él que es totalmente bueno y bondadoso.

Entonces, ¿qué es lo que la deslealtad a Dios nos causa hacer? Cuando somos desleales a Dios, tenemos el deseo de escondernos de Él. La distorsión nos hace olvidar su amorosa bondad y su benevolencia porque no podemos soportar enfrentar su bondad y benevolencia, así que huimos de Él. Sentimos aversión hacia la intimidad que una vez compartimos con Dios. Esa es la primera indicación de que los portadores de la imagen han sufrido algo terrible. Adán y Eva evitan a Dios.

DESVIACIÓN

La siguiente cosa que nos muestra que la imagen ha sido dañada es la *desviación* que ocurre. Adán y Eva desvían la responsabilidad. *"—¿Y quién te ha dicho que estás desnudo? —preguntó Dios—. ¿Acaso has comido del fruto del árbol que yo te prohibí comer?* 12 Él respondió: —La mujer que me diste por compañera me dio de ese fruto y yo lo comí"* (Gén. 3:11-12). ¿Puedes creer esto? Adán está trasladando la culpa a su esposa. Pero en realidad, está trasladando la culpa a Dios. *"Entonces Dios el Señor preguntó a la mujer: —¿Qué es lo que* *has hecho? —La serpiente me engañó, y comí —contestó ella"* (Gén. 3:13).

Esto ocurrió miles de años antes de que el comediante Flip Wilson, de los años 60, dijera: "El diablo me obligó a hacerlo". Pero no es ninguna broma. Hay portadores de imagen que intentan transfirir la culpabilidad a los demás por decir: "El diablo me obligó a hacerlo. No es mi culpa. Es el diablo. ¿De dónde salió este diablo? ¿Quién lo hizo?". El resultado es que los portadores de una imagen rota desvian su propia culpa.

"¡Mi esposo"! "¡Mi esposa"! "¡Mis padres"! "El abuso que sufrí por parte de mis padres me arruinó para siempre, Dios, y tú lo permitiste. Estoy arruinado para el resto de mi vida. Soy un producto dañado". "Mi jefe". "Mi trabajo". Ah, y no deja que olvidemos este clásico: "El gobierno pésimo. Es el gobierno el que está arruinando todo. ¿Cómo se supone que voy a ser la persona que Dios quiere que sea cuando tenemos un gobierno como el nuestro? Quiero decir, ¿quién puede ser capaz de ser un portador de imagen constante cuando vivimos en un mundo tan desordenado"?

Nos negamos a mirarnos al espejo, a mirar nuestra propia imagen. Evitamos acercarnos a Dios porque tememos que al considerar la belleza de Dios, estaremos obligados a vernos como realmente somos: portadores de una imagen distorsionada.

SUBVERSIÓN

Luego, está la distorsión del impacto de los portadores de la imagen en las relaciones. Las relaciones se arruinan por la subversión. El pecado maldice todo. La tierra está maldita; hay una maldición por el dolor, y hay una maldición en el esfuerzo del trabajo. Todas estas maldiciones surgen de la deslealtad y la traición a Dios. Pero la maldición no es algo *externo* a nosotros. La maldición está *dentro* de nosotros.

La maldición está *dentro* de nosotros.

A la mujer dijo:
"Multiplicaré tu sufrimiento en el parto
y darás a luz a tus hijos con dolor.
Desearás a tu marido,
y él te dominará".
(Génesis 3:16)

Esos no son palabras de matrimonio y belleza. Esas son palabras de la maldición. "Desearás a tu marido, y él te dominará". *"Desearás"* aquí significa el *deseo de controlar*; un deseo de dominar. Ya no tendrás belleza y armonía en tu relación. Desearás controlar a tu esposo, y él gobernará sobre ti. La palabra *gobernar* significa un *gobierno dictatorial.* Esta no es una fórmula para el matrimonio, como algunos parecen pensar. Esto es el resultado de la maldición. Y no se trata solo del matrimonio. Se trata de las relaciones. Tenemos un deseo natural de controlar y dominar a las personas de cualquier manera posible.

Este deseo de control proviene de la maldición.

PERVERSIÓN

¿Qué está haciendo ese deseo de control? Está asumiendo el lugar de Dios. "Déjame tener el control. Déjame decidir lo que va a pasar". En última instancia, no solo conduce a la aversión, la desviación y la subversión, sino que en última instancia conduce a la *perversión*: una vida lejos del Edén, una vida lejos de la presencia de Dios, una vida lejos del Señor de la Gloria. Es una terrible espiral descendente. Se convierte en una vida de odio hacia otros que fueron creados a la imagen de Dios. Echemos un vistazo a Caín y veamos lo que había en su corazón. "Caín habló con su hermano Abel. Y cuando estaban en el campo, Caín atacó a su hermano y lo asesinó" (Gén. 4:8). Caín asesinó a su hermano. Asesinó a su compañero portador de la imagen. La vida lejos del Edén y la presencia de Dios es una espiral descendente. No es *evolución*. Esto no es lo que la Biblia está explicando aquí. Es *involución*. El movimiento es hacia abajo. Y qué terrible giro en espiral es.

En Romanos, el Apóstol Pablo describe perfectamente cómo es la vida lejos del Edén y lejos de Dios. Es la involución de la humanidad y de los portadores de la imagen. "En verdad, la ira de Dios viene revelándose desde el cielo contra toda impiedad e injusticia de los seres humanos, que con su maldad obstruyen la verdad" (Rom. 1:18).

¿Dónde comenzó esta espiral descendente? ¿Recuerdas? Empezó con una pregunta insinuante: "¿Conque Dios les dijo que no comieran de ningún árbol del jardín"? Comenzó con la supresión de la verdad. ¿Qué sucede cuando se suprime la verdad? La verdad se suprime con el propósito de la injusticia. En Romanos 1:19-32, Pablo dice que cuando se suprime la verdad, se hace con el objetivo de vivir en injusticia.

LAS PERSONAS EN GENERAL

> 19 Me explico: lo que se puede conocer acerca de Dios es evidente para ellos, pues él mismo se lo ha revelado.
> 20 Porque desde la creación del mundo las cualidades invisibles de Dios, es decir, su eterno poder y su naturaleza divina, se perciben claramente a través de lo que él creó, de modo que nadie tiene excusa. 21 A pesar de haber conocido

a Dios, no lo glorificaron como a Dios ni le dieron gracias, sino que se extraviaron en sus inútiles razonamientos y se les oscureció su insensato corazón. 22 *Aunque afirmaban ser sabios, se volvieron necios* 23 *y cambiaron la gloria del Dios inmortal por imágenes que eran réplicas del hombre mortal, de las aves, de los cuadrúpedos y de los reptiles.*

24 *Por eso Dios los entregó a los malos deseos de sus corazones, que conducen a la impureza sexual, de modo que degradaron sus cuerpos los unos con los otros.* 25 *Cambiaron la verdad de Dios por la mentira, adorando y sirviendo a cosas creadas antes que al Creador, quien es bendito por siempre. Amén.*

26 *Por tanto, Dios los entregó a pasiones vergonzosas. En efecto, las mujeres cambiaron las relaciones naturales por las que van contra la naturaleza.* 27 *Así mismo los hombres dejaron las relaciones naturales con la mujer y se encendieron en pasiones lujuriosas los unos con los otros. Hombres con hombres cometieron actos indecentes y recibieron sobre sí mismos el castigo que merecía su perversión.*

28 *Además, como estimaron que no valía la pena tomar en cuenta el conocimiento de Dios, él a su vez los entregó a la depravación mental, para que hicieran lo que no debían hacer.* 29 *Se han llenado de toda clase de injusticia, maldad, avaricia y depravación. Están repletos de envidia, homicidios, desacuerdos, engaño y malicia. Son chismosos,* 30 *calumniadores, enemigos de Dios, insolentes, soberbios y arrogantes; se ingenian maldades; se rebelan contra sus padres;* 31 *son insensatos, desleales, insensibles, despiadados.* 32 *Saben bien que, según el justo decreto de*

Dios, quienes practican tales cosas merecen la muerte; sin embargo, no solo siguen practicándolas, sino que incluso aprueban a quienes las practican.

(Romanos 1:19-32)

Todo eso, el intercambio de la verdad por el mal, ha llegado a nosotros hoy, donde vemos a millones de personas marchar para glorificar y exigir derechos para estas actividades tan degradantes. Así de lejos ha desviado nuestra cultura. Y el problema no está solo *fuera* de nosotros. Está *dentro* de nosotros. Como individuos.

LAS PERSONAS INDIVIDUAS

10 Así está escrito:
"No hay un solo justo, ni siquiera uno;
11 no hay nadie que entienda, nadie que busque a Dios.
12 Todos se han descarriado; juntos se han corrompido.
No hay nadie que haga lo bueno;
¡no hay uno solo!".
13 "Su garganta es un sepulcro abierto;
de su lengua salen engaños".
"¡Veneno de víbora hay en sus labios!".
14 "Llena está su boca de maldiciones y de amargura".
15 "Veloces son sus pies para ir a derramar sangre;
16 dejan ruina y miseria en sus caminos,
17 y no conocen la senda de la paz".
18 "No hay temor de Dios delante de sus ojos".

(Romanos 3:10-18)

Los portadores de imagen distorsionados, *en general*, se describen en Romanos 1, y el portador de imagen *individual* se describe aquí en Romanos 3. Este es el hombre en el espejo, el nuevo reflejo del portador de imagen. ¡Tan terriblemente distorsionado! Lamentablemente, al leer estos versículos, veo demasiado de mi propio reflejo en estas palabras. ¿Qué hay de ti? Como si esta noticia no fuera lo suficientemente mala. La terrible noticia es esta: no puedes arreglarlo. No puedes arreglar esta imagen distorsionada.

Pero aquí están las buenas noticias: no tienes que hacerlo. Se nos ha prometido un Redentor. En nuestro texto, que cubriremos más completamente en el próximo capítulo, recibimos la primera promesa en la Biblia. Es la promesa hecha en medio de toda la distorsión y el pecado. Dios dijo que enviaría un libertador y aplastaría la cabeza del enemigo (Gén. 3:15). ¡Dad gracias a Dios que ese libertador ha venido! Y el libertador de que hablo, no es la búsqueda del hombre por la iluminación. El libertador no es más educación. El libertador no es más gobierno. El libertador es Dios mismo en la forma de Cristo Jesús. Él es capaz de liberarnos. ¿Por qué? Porque, por terrible que sea todo este pecado, la Biblia dice: "Pero donde abundó el pecado, sobreabundó la gracia" (Rom. 5:20).

Hay gracia de Dios en su Hijo, Jesucristo, y su gracia es mayor que todos nuestros pecados. Puede que seas culpable de cada pecado que Pablo acaba de describir, pero tu pecado no es más poderoso que la gracia de Dios en Cristo. Y el Libertador no solo cubre tu pecado. Él cambia tu corazón. Jesús es la respuesta para nosotros y para todos en este mundo. El Libertador prometido es Jesucristo.

R.E.A.P.
Guiá Para Cosechar
de La Palabra de Dios

READ (Leer):
- Lea Génesis 3:1-24.
- ¿Qué crees que el Espíritu Santo pretende enseñarnos con este pasaje?

EXAMINE (Examinar):
- ¿Qué te enseñó Dios a través de *A Su Imagen*, Capítulo 2?
- ¿Qué mentira en particular le dice la serpiente a Eva que la socava a ella y a Adán como portadores únicos de la imagen de Dios (Gén. 3:5)?
- ¿Cuáles son las formas en que la serpiente ataca la bondad de Dios en Génesis 3:5?
- Con referencia a los siguientes versículos, ¿cómo se estropeó la imagen de Dios en el hombre a causa del pecado? (Gén. 3:8-10, Gén. 3:12, 16 y Gén. 3:17-19)
- ¿Cómo planeó Dios responder al daño que el pecado había causado a los portadores de su imagen (Gén. 3:15)?

APPLY (Aplicar):
- *¿Cómo puede Dios ser bueno y no darme todo lo que creo que necesito para ser feliz?* Cuando pensamientos como estos surjan en tu cabeza esta semana, ¿cómo elegirás responder usando la Palabra de Dios

PRAY (Orar):
- Pasa algún tiempo en oración privada, pidiéndole al Espíritu Santo que te revele cualquier pecado para que

puedas confesarlo y una vez más experimentar el perdón y la misericordia de Dios (1 Juan 1:8-10).

- Líderes, guíen a los miembros de su grupo en un tiempo de oración, confesando su dependencia de la obra continua de Dios para restaurar su imagen en cada uno de ellos.
- Dedique tiempo a alabar a Dios por su plan a través de Jesús de aplastar la serpiente y comenzar la obra segura de redención en su pueblo.

PARTE III:
SU IMAGEN REDIMIDA

3

LA HISTORIA DE LOS ÁRBOLES

L as pequeñas cosas de la vida diaria solo se pueden entender verdaderamente cuando se confrontan con la luz de una verdad más grande. Y no puede haber ninguna verdad más grande que abarca nuestras vidas que el reconocimiento de que fuimos hechos a imagen de Dios. Somos portadores de su imagen. Y el conocimiento de ser hechos a imagen de Dios y restaurados a su imagen es la clave que abre la Palabra de Dios. Esta conciencia nos permite una comprensión más profunda y completa del gran plan de Dios y de cómo encajamos en ese plan.

Una de las festividades más sagradas de Israel es el *Día del Recuerdo del Holocausto.* Se lo considera un día especial porque en esa fecha, el 27 de enero de 1945, fueron liberados los sobrevivientes del campo de concentración de Auschwitz. El *Día del Recuerdo del Holocausto* es un día muy solemne para la nación de Israel. Programas especiales de televisión recuerdan a los espectadores lo horrible que fue todo aquello. En menos de seis años, seis millones de judíos fueron exterminados por el odio antisemita alimentado por demonios en el corazón de los líderes del nazismo. El mal perpetrado contra los judíos durante el Holocausto no tuvo precedentes.

Inmediatamente después de la liberación de los campos de concentración, ocurrió algo sorprendente. Aunque la mayor parte de la población judía de Europa oriental y occidental había sido exterminada, grupos de los judíos que aún quedaban comenzaron a buscar un lugar donde asentarse. Es difícil admitirlo, pero ningún país de Europa parecía dispuesto a abrir su corazón para el reasentamiento de los judíos. En realidad, y creo que fue providencialmente, muchos de los judíos supervivientes no pensaban que debían permanecer allí.

Algunos decidieron regresar a su verdadera patria. Cientos de ellos comenzaron a dirigirse a Palestina, como se llamaba entonces, por todo tipo de embarcaciones y medios de transporte. Al llegar, fueron atacados de inmediato, pero no se rindieron. Es una historia increíble la de cómo vivían en cuevas y búnkeres subterráneos durante el día y sólo salían de noche para sembrar sus campos. Tenían unas cuantas armas, pero a medida que les traían más, comenzaron a contraatacar. Y a medida que contraatacaban, su existencia se volvió un poco más segura.

Estaban bajo un ataque implacable, pero finalmente, en mayo de 1948, ese pequeño grupo de judíos, en victoria y reconocimiento (liderado en gran parte por los Estados Unidos y nuestro presidente, Harry Truman), fue reconocido como el estado soberano de Israel. Desde entonces, miles han hecho el viaje de regreso a su tierra natal, y se han criado muchas generaciones. Aproximadamente cuatro millones de judíos residen allí hoy en día. En 2016, por primera vez en la historia moderna, había más judíos viviendo en Israel que en Estados Unidos.

Cuando aquellos primeros judíos regresaron a su tierra prometida, la tierra prometida a su antepasado Abraham, descubrieron que durante ese tiempo de persecución, su patria había sido completamente despojada de todos los árboles. Entonces, comenzaron a plantarlos. Desde 1948, se han plantado casi 400 millones de árboles en Israel para devolverlo a un país de bosques como lo fue en tiempos bíblicos. Esos árboles están restaurando la salud física de la tierra y el medio ambiente, ayudando a establecer una vida sostenible en esa parte del mundo. Cada árbol es un símbolo de los corazones de aquellas personas que regresaron y sus descendientes, resonando claramente: "¡Estamos plantados aquí, y la nación florecerá como florecen estos árboles"!

Cuando lees la profecía bíblica, estos árboles tienen un significado. La Biblia nos dice que en los últimos días, el pueblo de Israel volverá a vivir en su tierra como nación. Esos árboles replantados son símbolos de restauración y esperanza, y símbolos de una reclamación de las promesas que Dios hizo a Abraham.

En Génesis 3 aprendemos de una terrible distorsión en el Jardín del Edén. Adán y Eva, los hijos de Dios, están arruinados como portadores de la imagen de Dios. Pero en medio de esa ruina, hay una promesa dada: una promesa de restauración y redención. Esta historia es realmente una historia sobre árboles. Echemos un vistazo a Génesis 3:8-24:

8 Cuando el día comenzó a refrescar, el hombre y la mujer oyeron que Dios el Señor andaba recorriendo el jardín; entonces corrieron a esconderse entre los árboles para que Dios no los viera. 9 Pero Dios el Señor llamó al hombre y dijo:

—¿Dónde estás?

10 El hombre contestó:

—Escuché que andabas por el jardín y tuve miedo porque estoy desnudo. Por eso me escondí.

11 —¿Y quién te ha dicho que estás desnudo? —preguntó Dios—. ¿Acaso has comido del fruto del árbol que yo te prohibí comer?

12 Él respondió:

—La mujer que me diste por compañera me dio de ese fruto y yo lo comí.

13 Entonces Dios el Señor preguntó a la mujer:

—¿Qué es lo que has hecho?

—La serpiente me engañó, y comí —contestó ella.

14 Dios el Señor dijo entonces a la serpiente:

"Por causa de lo que has hecho,
¡maldita serás entre todos los animales,
tanto domésticos como salvajes!
Te arrastrarás sobre tu vientre
y comerás polvo todos los días de tu vida.
15 Pondré enemistad entre tú y la mujer,
y entre tu simiente y la de ella;
su simiente te aplastará la cabeza,
pero tú le herirás el talón".

16 A la mujer dijo:

"Multiplicaré tu sufrimiento en el parto
y darás a luz a tus hijos con dolor.
Desearás a tu marido,
y él te dominará".

17 Al hombre dijo:

"Por cuanto hiciste caso a tu esposa
y comiste del árbol del que te prohibí comer,
¡maldito será el suelo por tu culpa!
Con sufrimiento comerás de él
todos los días de tu vida.

18 La tierra te producirá cardos y espinas,
y comerás hierbas silvestres.
19 Te ganarás el pan con el sudor de tu frente,
hasta que vuelvas a la misma tierra
de la cual fuiste sacado.
Porque polvo eres
y al polvo volverás".
20 El hombre llamó Eva a su mujer porque ella sería la
madre de todo ser viviente.
21 Dios el Señor hizo ropa de pieles para el hombre y su
mujer, y los vistió. 22 Y Dios el Señor dijo: "El ser humano ha
llegado a ser como uno de nosotros, pues tiene conocimiento
del bien y del mal. No vaya a ser que extienda su mano y
también tome del fruto del árbol de la vida, lo coma y viva
para siempre". 23 Entonces Dios el Señor expulsó al ser
humano del jardín del Edén para que trabajara la tierra de
la cual había sido hecho. 24 Luego de expulsarlo, puso al
oriente del jardín del Edén a los querubines y una espada
ardiente que se movía por todos lados para custodiar el
camino que lleva al árbol de la vida.
(Génesis 3:8-24)

La *ruina* y la *restauración* de la relación entre Adán y Eva
y Dios se construye en torno a una historia de árboles. Había
muchos árboles hermosos en el Jardín del Edén, pero nuestra
atención se centra en dos en particular: *el Árbol de la Vida* y el
Árbol del Conocimiento del Bien y del Mal.

8 Dios el Señor plantó un jardín al oriente del Edén
y allí puso al hombre que había formado. 9 Dios el
Señor hizo que creciera toda clase de árboles
*atractivos a la vista y buenos para comer. **En***
medio del jardín hizo crecer el árbol de la

vida y también el árbol del conocimiento del bien y del mal.

(Génesis 2:8-9)

Estos dos árboles son árboles *literales*. Existieron de verdad. Y queda claro que también tenían un *significado espiritual*. Nuestra atención se dirige a ellos porque hay un significado espiritual en su colocación en el jardín.

Uno de ellos se llama el Árbol de la Vida, y podemos imaginar qué hermoso debió haber sido ese Árbol de la Vida. ¡Qué delicioso debió haber sido el fruto! No tenía nada que ver con los espárragos, los nabos y otras verduras terribles que surgieron después de la caída. ¡El fruto del Árbol de la Vida era jugoso! El árbol mismo representaba todo lo que es vida. Era la representación de la vida misma. Este árbol era una expresión visible de la bondad de Dios, quien creó todas las cosas. Todo el mundo funcionaba en perfecta armonía: Dios, el hombre y su creación. Es perfecto. Y en medio de todo esto estaba este increíble árbol que simbolizaba la bondad y la belleza de Dios y la dulzura de vivir con Él. Adán y Eva vivían con Dios en perfecta alegría y paz, deleitándose en Él, y Él, deleitándose en ellos.

El único requisito para que Adán y Eva pudieran seguir disfrutando de lo que Dios les había dado era amarlo y confiar en Él. Solo necesitaban mantener una lealtad amorosa hacia Dios y darle su confianza. Ese requisito se expresó en el segundo árbol: el Árbol del Conocimiento del Bien y del Mal. Este árbol representaba la bondad de Dios, su voluntad perfecta, su increíble benignidad y sus propósitos, que son maravillosos. Este árbol se llama el Árbol del Conocimiento del *Bien y del Mal*: el bien, que es la voluntad de Dios, y el mal, que es la advertencia de Dios. El árbol era una advertencia para Adán y Eva de que el mal existía.

El mal existe.

Sabemos por las Escrituras que el Mal existió durante eones antes de la caída, cuando el más hermoso de todas las criaturas de Dios, Lucifer, el líder de los ángeles, se llenó de orgullo y deseó ser como Dios. Él lideró una rebelión contra Dios, pero fue derrotado y echado del cielo junto con todos los ángeles que se rebelaron con él (Ez. 28:12-19 e Is. 14:12-14). El Mal aún existe. Lucifer es el Mal personificado. Dios dice que conocer el mal es conocer la muerte. Conocer el mal, rebelarse como se ha rebelado Satanás, es conocer la muerte. Por eso Dios advirtió a Adán y Eva en Génesis 2:17, "...pero del Árbol del Conocimiento del Bien y del Mal no deberás comer. El día que de él comas, sin duda morirás". Esta es la advertencia de Dios sobre el árbol de la muerte: *"Si eres desleal, si eliges el mal sobre el bien, si sigues al maligno en lugar de seguirme a Mí, experimentarás la muerte"*.

Adán y Eva no fueron creados como robots. No fueron programados para hacer solo lo que Dios quería que hicieran. Fueron creados a su imagen. Representaban a Dios. Tenían la capacidad de tomar decisiones. Tenían la capacidad de deliberar. Tenían la capacidad de tomar decisiones morales. Y Dios, al crear a alguien como Él, hombre y mujer, creó en ellos la capacidad de tomar decisiones morales. Y eligieron el mal.

¿Cómo sucedió eso? ¿Cómo pudo su pensamiento volverse tan retorcido para elegir realmente el mal? Eligieron el mal por la forma en que se les presentó. El mal no se presentó a Adán y Eva como algo terrible, espantoso, oscuro e infernal, sino como algo bello y digno de deseo. Eligieron el mal porque no se les presentó de manera veraz, sino que estuvo terriblemente malinterpretado. Satanás sabía cómo presentar el mal.

Satanás sabe cómo presentar el mal.

No se trata de una serpiente, sino de Satanás, que utiliza a la serpiente. "Pero la serpiente dijo a la mujer: 'iNo es cierto, no van a morir! Dios sabe muy bien que cuando coman de ese árbol se les abrirán los ojos y llegarán a ser como Dios, conocedores del bien y del mal'" (Gén. 3:4-5). Observa lo que está haciendo este maligno. Satanás está poniendo preguntas en las mentes de los portadores de la imagen acerca de la veracidad de Dios. *"¿En verdad os ha dicho Dios que no podéis comer de este árbol? ¿En verdad os ha dicho eso"?* ¿Veis lo astuto que es Satanás? Está poniendo un signo de interrogación donde Dios puso un punto.

Satanás pone un signo de interrogación
donde Dios pone un punto.

Satanás está cuestionando la verdad absoluta. Está cuestionando si hay una fuente para la verdad absoluta. Satanás le dice a Adán y Eva: *"¿No pueden ustedes determinar su propia verdad? ¿No son portadores de la imagen capaces de decidir por sí mismos"?*

Satanás luego cuestiona la confiabilidad de Dios. Les dice: *"Déjenme decirles lo qué está pasando aquí. Dios les dice que no coman de este fruto porque sabe que cuando lo hagan, se volverán como Él. Conocerán entre el bien del mal. Dios les está reteniendo. Dios no quiere que sean todo lo que pueden ser. Dios los está restringiendo. Dios quiere que permanezcan bajo su control. Dios no quiere que sean completamente independientes. No quiere que experimenten la verdadera libertad como la que Él tiene".* Y, trágicamente, Adán y Eva creyeron a la serpiente y traicionaron a su Padre. Pecaron. Desobedecieron. Se volvieron desleales. Se rebelaron contra su Padre Dios, que es todo amor.

No sabían que al traicionar a su Padre, se estaban traicionado a sí mismos porque fueron creados a imagen del Padre. Así que, al destruir su relación con el Padre y elegir seguir su propio camino, en realidad se estaban destruyendo a sí mismos. Al intentar liberarse de Dios, se arruinaron en el proceso. Arruinaron su relación con su Creador. Ahora se esconden de Él cuando solían correr hacia Él. La voz de Dios solía ser el deleite de sus oídos. Y ahora se están cubriendo y escondiendo de Él.

En este acto de desobediencia, Adán y Eva también arruinaron su relación con la creación. Todo lo creado por Dios ahora trabajaba en su *contra, no a su favor*. También destruyeron la relación que tenían entre ellos. Ya no se miraban de la misma manera. Ahora están avergonzados de sí mismos. Están avergonzados el uno del otro. Ahora se están echando la culpa mutuamente y tratando de controlarse el uno al otro. La hermosa y perfecta relación con la que Dios los había bendecido fue destruida. La maldición vino, y el paraíso se perdió.

La maldición vino, y el paraíso se perdió.

*Y Dios el Señor dijo: "El ser humano ha llegado a ser como uno de nosotros, pues tiene conocimiento del bien y del mal. No vaya a ser que extienda su mano y también tome del fruto del árbol de la vida, lo coma y viva para siempre". Entonces Dios el Señor expulsó al ser humano del jardín del Edén para que trabajara la tierra de la cual había sido hecho. Luego de expulsarlo, puso al oriente del jardín del Edén a los **querubines** y una espada ardiente que se movía por todos lados para custodiar el camino que lleva al árbol de la vida.*
(Génesis 3:22-24)

Los querubines son ángeles guardianes que custodian la presencia de Dios, su santidad y su trono. Tras la caída, Dios colocó querubines al este del jardín, junto con una espada flamígera que giraba en todas direcciones para guardar el camino hacia el Árbol de la Vida. Los portadores de la imagen, Adán y Eva, se arruinaron y, por ello, Dios los desterró del jardín. Sin embargo, el elemento más importante que hay que recordar de esta Escritura es la enorme gracia de Dios, que se manifiesta en este único acto.

Dios no se comporta como un matón al expulsar a Adán y Eva del jardín. No está actuando con ira, que lo ha consumido totalmente. Dios sabía de antemano lo que iba a suceder. Está actuando con gracia porque si Adán y Eva comieran del fruto del Árbol de la Vida en su condición caída, se verían obligados a vivir para siempre en esa condición condenada. Nunca podrían ser cambiados. Llegarían a ser como Satanás mismo, que está más allá de la redención, más allá de la esperanza, más allá del arrepentimiento y más allá de la restauración. Adán y Eva serían forzados a vivir para siempre lejos de la gracia de Dios. Así que, para evitar esta condenación interminable, Dios dice a los querubines: "No los dejéis volver".

Al ver lo que Adán y Eva han hecho, Dios pronuncia una lista de maldiciónes. *"Habéis maldecido todo. Habéis maldecido la tierra. Os habéis maldecido a vosotros mismos. Habéis maldecido vuestra relación".* Pero en medio de esas maldiciones, Dios también hace su primera promesa. Mirando de cerca, descubrimos el primer y único destello de luz en esta oscura historia de portadores de la imagen arruinados. He aquí la primera promesa evangélica de la Biblia. En Génesis 3:15, Dios se dirige a la serpiente:

"Pondré enemistad entre tú y la mujer,
y entre tu simiente y la de ella;
su simiente te aplastará la cabeza,
pero tú le herirás el talón".

Dios dice que habrá descendientes o seguidores de la serpiente, y odiarán a los descendientes o seguidores de la fe de Adán y Eva. Dios está describiendo un conflicto espiritual, pero también está hablando de dos individuos específicamente. Le dice a Satanás: "Pondré enemistad entre ti y la mujer, y entre tu descendencia y su descendencia" y luego Dios declara: "Él te herirá en la cabeza, y tú le herirás en el talón".

"Hay alguien que viene, Satanás, que va a aplastarte a ti y a todo lo que representas, y al aplastarte, le herirás en el calcañar".

Ahora, ¿dónde sucedería esto? Sucedería en un árbol. En el árbol del Calvario en el que Jesús fue clavado. "Maldito todo el que es colgado de un madero" (Gal. 3:13). Para Jesús, era el árbol de la muerte. Crucifixión. Una muerte horrible y tortuosa. Pero lo terrible de la cruz no es tanto el tipo de muerte que tuvo lugar allí, sino de quién se trataba. El Señor de la Gloria fue clavado en el árbol de la muerte. El Príncipe de la Vida. El segundo Adán que provenía de Dios. El perfecto portador de la imagen e Hijo de Dios. Y... su calcañar fue herido. Cuando el Hijo de Dios fue colgado en ese árbol, las espigas que fueron clavadas a través de sus pies magullaron su talón.

Pero Jesús no fue una víctima. Fue un vencedor. Porque mientras estaba sufriendo y muriendo por los pecadores en esa cruz, su calcañar no solo estaba siendo herido por las espigas. Su calcañar estaba herido porque, en ese momento, estaba aplastando la cabeza de Satanás. Él estaba conquistando el poder de Satanas. Jesús era el Portador de la Imagen, perfectamente dedicado a la voluntad del Padre. No se desviaría. No desobedecería como lo hicieron Adán y Eva al comer del fruto del Árbol del Conocimiento del Bien y del Mal. Jesús sólo desearía el conocimiento de Dios para cumplir la voluntad de Su Padre, incluso hasta el punto de la muerte. Al hacerlo, Jesús convertiría la cruz, el horrendo árbol de la muerte, en el glorioso árbol de la vida eterna. Y en su muerte amorosa, el Príncipe de la Vida aplastaría la cabeza de la serpiente, el Príncipe de la Muerte.

Jesús aplastó la cabeza de la serpiente.

Ahora, ¿recuerdas lo que Dios colocó fuera del jardín para que nadie pudiera volver a entrar y comer del Árbol de la Vida? Si alguien comía del Árbol de la Vida en su condición pecaminosa caída, sería maldecido para siempre. ¿Qué puso Dios allí para su protección? ¿Para nuestra protección? Los *querubines*.

Cuando Jesús murió en la cruz, una enorme cortina en el templo separaba el santuario sagrado de una cámara llamada el Lugar Santísimo. Detrás de esa cortina descansaba el Arca de la Alianza que contenía los Diez Mandamientos grabados en tablas de piedra. Encima del Arca estaba el hermoso trono de Dios llamado Propiciatorio, donde se creía que Dios moraba con su pueblo. Una vez al año, se aplicaban sacrificios de sangre sobre ese propiciatorio, y Dios consideraba perdonados los pecados del pueblo cubiertos por esa sangre.

La cortina que colgaba delante del Arca de la Alianza, desde la parte superior del templo hasta la inferior, tenía algo tejido. ¿Recuerdas qué era? Eran los *querubines* flameantes . Los querubines flameantes estaban entretejidos en la tela de esa cortina, en efecto diciendo, *"Quédate afuera. No puedes venir como pecador a la presencia del Dios Santo y vivir"*.

Cuando Jesús agonizaba, con sus últimas fuerzas, gritó: "Todo se ha cumplido" (Juan 19:30). Era el grito de un vencedor. Jesús había vivido la vida perfecta como Portador de la Imagen de Dios. Había entregado su vida como sustituto de los portadores de la imagen que habían pecado contra Dios. Había vencido a Satanás con su vida perfecta y su muerte expiatoria. Cuando Jesús gritó: "Todo se ha cumplido", la Biblia dice que la cortina de aquel templo se rasgó de arriba abajo. ¿Qué significaba el rasgamiento de esa cortina? Significaba: *"Vuelve. Puedes volver ahora porque mi Hijo ha hecho el camino. Mi Hijo ha aplastado la cabeza de la serpiente. Ha sido magullado, pero ha pagado el precio por vosotros, y la puerta está abierta. Todos ustedes hijos e hijas de Adán y Eva, todos ustedes pecadores, tan quebrantados como están, pueden regresar ahora a través de mi Hijo, Jesús"*.

R.E.A.P.
Guiá Para Cosechar
de La Palabra de Dios

READ (Leer):
- Génesis 3:15
- 1 Corintios 15:1-7, 20-34, 49
- Colosenses 1:15
- 2 Corintios 3:12-18
- Romanos 8:28-29

EXAMINE (Examinar):
- ¿Qué verdad te llamó la atención de "*A Su Imagen*", Capítulo 3?
- 1 Corintios 15:1-7 describe la obra de Jesús en la cruz y su poder absoluto en la resurrección (1 Cor. 15:20-28). La resurrección de Cristo es la esperanza cierta de que los creyentes tendrán la imagen de Dios restaurada en ellos (1 Cor. 15:49). ¿Qué mandatos da Pablo a los cristianos a la luz de estas verdades (1 Cor. 15:31-34 y 15:58)?
- Cristo está restaurando la imagen de Dios en nosotros, como su pueblo, cada día que vivimos. Según 2 Corintios 3:12-18, ¿cómo empezamos a reflejar la imagen de Dios en nuestras vidas (2 Cor. 3:18)?
- Colosenses 3:1-10 describe este proceso de la restauración diaria de la imagen de Dios en su pueblo. A la luz de todo lo que Cristo ha logrado en nuestro favor, ¿cuál es la responsabilidad del creyente, según Pablo?

APPLY (Aplicar):
- Se dice que nos convertimos en las personas con las que pasamos tiempo, observamos y queremos parecernos.

¿Qué influencias te alejan de llegar a ser como el Señor Jesucristo?

- En tu vida diaria, ¿de qué maneras podrías pasar tiempo con, observar y parecerte más a Jesús?
- Comprométete regularmente a hacer una cosa en las próximas semanas para pasar tiempo con el Señor.

PRAY (Orar):

- A medida que hablas con Dios en oración, agradece a Jesús por todo lo que ha hecho para restaurarte a Dios y para restaurar la imagen de Dios en ti.
- Pide al Espíritu Santo que te revele cualquier área de tu vida que habitualmente te aleje de Jesús.
- Mientras lees la Biblia, pide al Espíritu Santo que te revele las glorias de Jesucristo, el portador perfecto de la imagen de Dios, y te ayude a adorarlo.

4

EL
ÁRBOL DEL CALVARIO

S er hechos a imagen de Dios es fundamental para nuestra
identidad. Aparte de comprender lo que significa ser
hechos a su imagen, no podemos entender quiénes somos o
qué se supone que debemos ser. Tampoco podemos entender
el evangelio a menos que podamos ver que el evangelio se
utilice por el Señor para restaurar y redimir a las personas a su
imagen. El mensaje de Cristo trata sobre restaurar y redimir a
los portadores de imagen al propósito para el cual Dios los
creó.

En 1973, en el noroeste de Ohio, había un desconocido
pero muy active culto satánico. Parte de la iniciación en este
culto era que las personas profanaran algún objeto sagrado.
Necesitaban destruir algo que estaba identificado con Cristo.
Había un joven que deseaba entrar en este grupo, y el derecho
de admisión para él era destruir una iglesia con fuego.

Eligió un lugar de culto que se encontraba en las afueras
del condado. Una noche, con varios galones de gasolina,

irrumpió en el santuario, derramó el gas sobre la plataforma, los bancos y alrededor del edificio, y luego prendió fuego a la iglesia. Las llamas se vieron desde la cercana carretera interestatal 75, pero antes de que el equipo de respuesta a emergencias pudiera llegar, todo el edificio quedó envuelto en llamas.

Se determinó que la causa fue un incendio provocado y, finalmente, se relacionó con el culto satánico. Debido a las circunstancias, el pastor de la iglesia aparecía a menudo en las noticias, recordando a la gente que la iglesia de Dios no estaba hecha de ladrillos, cemento ni madera, sino que la iglesia de Dios estaba formada por personas. El pastor quería que la comunidad supiera que su iglesia estaba muy viva y bien. Cuando la congregación se comprometió a reconstruir la iglesia, el pastor les dijo: "Observa a Dios obrar". Repetía la declaración en la televisión y la radio para que la comunidad lo entendiera.

Observa a Dios obrar.

Por la gracia de Dios, esa iglesia no sólo pudo reconstruirse, sino que lo hizo en una forma mucho más grande que antes. Y debido a la notoriedad de lo que había sucedido, muchas personas se sintieron atraídas a asistir a los servicios, y decenas y decenas de personas fueron salvadas. Se desató un avivamiento increíble, que fue una obra asombrosa del Señor. Esa iglesia era Calvary Baptist Church en Findlay, Ohio. Durante siete años, mi esposa Susan y yo tuvimos la bendición de ser parte de esa iglesia y servir en su personal. Llegamos a Calvary Baptist unos años después de que ocurrieran estos eventos, y fue una bendición maravillosa trabajar con una congregación de personas y una comunidad donde Dios literalmente había dado *belleza* a cambio de *cenizas.* Dios trajo la redención, y usó el ataque del enemigo para hacerlo. Así es como trabaja Dios.

Esa es la buena noticia del evangelio. Aunque la imagen de Dios en nosotros ha sido dañada y arruinada por el pecado, hay un Dios cuya gracia es aún mayor. De esa ruina, Dios trae restauración y redención. Y usa el odio y el ataque del enemigo para hacerlo. No se puede negar: servimos a un gran Dios.

Génesis 2:17 dice: "Pero del árbol del conocimiento del bien y del mal no deberás comer. El día que de él comas, sin duda morirás". En otras palabras, si desobedeces a Dios, si te rebelas, si sigues el camino de Satanás, morirás. Entonces, el Árbol del Conocimiento del Bien y del Mal se convirtió en un árbol de muerte. Dios había puesto ante Adán y Eva la elección de la *vida* y la *muerte*. La elección de la *vida* significaba que podían disfrutar de Dios, tener comunión con él, aceptar su amor y responderle con amor. Pero también estaba, para ellos, la elección de la *muerte*. No eran robots. Fueron hechos a imagen de Dios. Tenían la capacidad de tomar decisiones morales. Podían *elegir* la muerte. Podían *elegir* el mal. Y Satanás lo sabía.

Satanás sabe que tenemos una opción.

Trágicamente, Adán y Eva oyeron la mentira de la serpiente y creyeron a la serpiente en lugar de a su Padre. Creyeron a la serpiente cuando cuestionó la confiabilidad de Dios. La serpiente cuestionó la intención de Dios para Adán y Eva. Y así, traicionaron a su Padre, y al traicionar a su Padre, se traicionaron a sí mismos. Fueron creados a imagen de Dios, y dado que fueron creados a imagen de Dios, traicionar a su Padre significaba traer ruina sobre ellos mismos. Adán y Eva desobedecieron a Dios ese día, y vino la maldición del pecado.

La muerte llegó. No una muerte física inmediata, sino que una muerte espiritual se apoderó de ellos.

No pasemos por alto lo que hizo Dios. Dios extendió su tierna misericordia a Adán y Eva. Para que no comieran de este fruto y vivieran eternamente en esta condición caída y sin esperanza, para que no comieran del árbol del fruto de la vida y vivieran malditos y condenados, sin poder cambiar jamás, Dios cerró el camino de regreso al jardín con una espada de fuego y los querubines. Luego, mientras Dios pronunciaba una maldición sobre Satanás, quien había traído el mal y la tentación a la humanidad, hizo la primera promesa de la Biblia. Esa promesa, hecha en Génesis 3:15, es la primera referencia al evangelio y a su Hijo, Jesús.

> *"Pondré enemistad entre tú y la mujer,*
> *y entre tu simiente y la de ella;*
> *su simiente te aplastará la cabeza,*
> *pero tú le herirás el talón".*

En medio de la destrucción y la ruina en el Jardín del Edén, y también en los propios portadores de la imagen, Dios promete enviar a alguien al rescate. Esta persona será descendiente de la mujer y aplastará la cabeza de Satanás, y al hacerlo, su talón será herido. Sufrirá una herida, pero en su herida, logrará la victoria de Dios. Y esta herida y esta victoria tendrán lugar en otro árbol: el árbol del Calvario.

El árbol del Calvario es también un árbol de muerte. Una muerte horrible, sí. Una muerte espantoso. Pero no es qué *clase* de muerte que lleva lo más significado, sino *de quién* fue la muerte. Fue la muerte del Señor de la Gloria. Fue la muerte del Hijo de Dios. Fue la muerte del Príncipe de la Vida. Fue la muerte del Segundo Adán. El segundo Portador de la Imagen de Dios. Fue *Su* muerte. Él era el que era de la simiente de la mujer, nacido de una virgen, y Él sería el que sería herido en la cruz. Pero note, en su herida, lo que haría. ¿Cuál fue la promesa? *"Él aplastará tu cabeza. Él será un vencedor. Él conquistará".* Y eso es lo que sucedió en el Calvario. En la cruz, en su perfecta obediencia como el Segundo Adán, el Señor Jesucristo destruyó el poder del enemigo. Él aplastó la cabeza de Satanás. Y Jesús, en su resurrección, triunfó sobre él.

El árbol del Calvario es el árbol de la muerte que se convierte en el árbol de la vida porque allí se logró la victoria. Y la victoria es para nosotros, los portadores de la imagen. Nuestro problema más grave es que estamos maldecidos por el pecado. ¿Y cómo podríamos ser liberados de esta maldición? Por Jesús. Pero, ¿cómo nos libera Jesús en el madero de esta maldición? Gálatas 3:13 dice claramente: "Cristo nos rescató de la maldición de la Ley al hacerse maldición por nosotros, pues está escrito: 'Maldito todo el que es colgado de un madero'".

Cristo nos redimió. La palabra "redimido" significa comprar. Cristo nos ha comprado para liberarnos de la maldición. ¿Cómo hace esto? Lo hace convirtiéndose en maldición Él mismo. Él se convierte en lo que es maldito. Y en esa cruz, que es la cruz de su muerte, toma *nuestra* maldición con el propósito que el árbol de la muerte *para Él* se convierta en el Árbol de la Vida *para nosotros*. La cruz se convierte en el Árbol de la Vida porque Jesús tomó nuestra maldición y la puso sobre sí mismo.

Pero el árbol del Calvario también es el árbol de la vida por lo que Jesús nos dio. Si piensas en la cruz como Jesús asumiendo nuestros pecados, tienes toda la razón, pero solo estás medio en lo correcto. El árbol de la vida no se trata solo de que Jesús asuma nuestros pecados. Lo que Jesús hizo por nosotros en la cruz también involucra la colocación de la propia justicia de nuestro Salvador sobre nosotros.

En 2 Corintios 5:21, el Apóstol Pablo dice: "Al que no cometió pecado alguno, por nosotros Dios lo trató como pecador, para que en él recibiéramos la justicia de Dios". Jesús tomó sobre sí lo que somos—*pecado*, para poder darnos lo que Él es—*justicia*.

La cruz es el Árbol de la Vida porque en esta cruz hay bien —Jesús, el Totalmente Bueno. Pero también en la cruz hay mal. Es un árbol de bien y mal, justo como en el Jardín del Edén. El mayor mal que el mundo haya conocido es la crucifixión de Jesucristo. El mal de nuestro pecado ha sido puesto sobre el Bueno. Mi pecado está allí en la cruz. En la cruz está la perfección del bien—la justicia de Dios en Cristo, y en la cruz está el mal—mi pecado. La Biblia dice que mi pecado está puesto sobre Jesús. Él se convirtió en mi pecado para que en el árbol, su justicia pudiera ser colocada sobre mí.

Es el *gran intercambio*: mi pecado es puesto sobre Jesús, y la justicia de Jesús es puesta sobre mí. Esa es la razón por la que la cruz es el Árbol de la Vida, porque es el árbol del bien y del mal—la bondad de Dios en Cristo y el mal de mi pecado rebelándose contra Dios. Mi pecado es puesto sobre la imagen perfecta de Jesús, el segundo Adán, y la justicia de la imagen perfecta es acreditada a mi cuenta.

Quizás, mientras lees esto, te das cuenta de que esta cruz no es *tu* Árbol de la Vida. Y te preguntas qué se necesitaría para que esta verdad sobre lo que Jesus hizo en la cruz se convierta en la verdad evangélica para ti. ¿Cómo encuentras la verdadera salvación como la que han experimentado los cristianos que conoces? La Biblia dice que esto sucede a través del arrepentimiento y la fe. La Biblia dice que debo arrepentirme de mi pecado. Observa que escribo "arrepentimiento", no "hacer penitencia". Hacer "penitencia" no es arrepentimiento. Hacer "penitencia" significa intentar hacer algo para ganar la misericordia de Dios, y la misericordia de Dios no se puede ganar. El arrepentimiento es el cambio de tu mente, lo que provoca un cambio en la dirección. Significa literalmente *cambiar tu mente*. Te das cuenta de que vas en la dirección incorrecta, así que cambias tu dirección. Te vuelves hacia Dios. Puede que estés pensando, *"Mi pecado está mal, y quiero volverme hacia Dios"*. El arrepentimiento es cuando realmente te alejas de tu pecado y luego te vuelves hacia Dios.

¿De qué me arrepiento? Me arrepiento de cuál es mi pecado. Mi pecado es rebelión y traición contra Dios. Mi pecado no es diferente del pecado de Adán y Eva. Es rebelión y traición contra el Dios que nos dio la vida. Me arrepiento por lo que es mi pecado, que está en contra de Dios. Y me arrepiento por lo que ha hecho mi pecado. ¿Qué ha hecho mi pecado?

Jesús murió por tu pecado. Con mucha frecuencia decimos esto, y es absolutamente cierto. Alabado sea Dios. Jesús murió por nuestro pecado. Pero quiero que sepas algo. *Él también murió a causa de tu pecado*. Tú y yo somos culpables de la muerte del Hijo de Dios. Yo no soy neutral. Tú no eres neutral. Jesucristo murió a causa de ti. Y hasta que nazcas de nuevo, eres culpable de la muerte del Hijo de Dios. No es neutralidad. No es: "Puede que estés bien. Te irá mejor". Si no naces de nuevo, eres culpable de la muerte de Jesús. Tú y yo somos culpables de deicidio. Nuestros pecados pusieron a Jesús en esa cruz. Hemos matado al Señor de la Gloria. Hasta que eso te agarre, estás a mil millones de millas de distancia del Reino de Dios. No te engañes. Hasta que entiendas que eres culpable de la muerte de Jesús, no te arrepentirás.

Arrepentirse de sus pecados es arrepentirse de su rebelión contra Dios. ¿Qué hizo su rebelión? Causó la muerte del Hijo de Dios. ¿Cómo puede la cruz convertirse en un Árbol de la Vida para usted? Debido a la misericordia de Dios, la cruz se convierte en el Árbol de la Vida cuando se arrepiente y coloca su fe en Aquel que murió por usted. Usted causó su muerte. Yo causé su muerte. Pero en la increíble y asombrosa Providencia de Dios, Él murió por la gente que causó su muerte. Murió por aquellos mismos que lo crucificaron. Y nuestro pecado, no los clavos romanos, lo mantuvieron allí.

Jesús murió por nosotros.

La salvación es cuando tenemos fe en Jesús, quien sufrió y murió por nosotros. La fe es saber que Él es mi sustituto y mi Salvador. En la cruz, Jesús se convirtió en lo que soy. Recibió lo que merezco. Se convirtió en lo que soy—pecado. Y recibió lo que merezco—muerte y separación de Dios. Él es mi *sustituto*, pero también es mi *Salvador*. ¿No es asombroso? Yo me convierto en lo que él es y recibo lo que él merece. 2 Corintios 5:21 dice: "Al que no cometió pecado alguno, por nosotros Dios lo trató como pecador, para que en él recibiéramos la justicia de Dios". Jesús se convirtió en lo que soy y recibió lo que merezco para que yo pueda convertirme en lo que él es y recibir lo que él merece. Eso sucede para ti cuando te arrepientes de tus pecados y colocas tu fe en Jesucristo. Y sucede a través de la fe.

En Romanos 3:20, el apóstol Pablo aborda lo que la penitencia y las obras no pueden hacer:

> *Por tanto, nadie será justificado en presencia de
> Dios por hacer las obras que exige la Ley; más bien,
> mediante la Ley cobramos conciencia del pecado.*

La ley de Dios, el estándar de Dios, no puede salvarte. No porque haya algo mal en la *ley*. El problema es que hay algo mal en *nosotros*. La ley es el espejo. La ley puede mostrarte que tu rostro está sucio, pero la ley no puede lavarlo. Solo nos muestra. La ley nos proporciona el conocimiento de nuestros pecados y la verdad de que hemos fallado en lo que Dios exige. Pablo continúa en Romanos 3:21-24:

> *21 Pero ahora, sin la mediación de la Ley, se ha manifestado la justicia de Dios, de la que dan testimonio la Ley y los Profetas. 22 Esta justicia de Dios llega, mediante la fe en Jesucristo, a todos los que creen. De hecho, no hay distinción, 23 pues todos han pecado y están privados de la gloria de Dios, 24 pero por su gracia son justificados gratuitamente mediante la redención que Cristo Jesús efectuó.*

Lo que sí *puede* salvarte es la justicia de Dios que viene a través de la fe en Jesucristo para todos los que creen. Cuando una persona tiene fe en Jesús, se le concede la justicia de Dios. El apóstol Pablo se refiere a esta verdad dos veces. Este pasaje es la chispa misma de la Reforma Protestante. Estos versículos encendieron la luz en medio de la oscuridad de la religión de la época medieval. Un monje agustiniano católico romano llamado Martín Lutero estaba intentando ganarse el favor de Dios. Estaba luchando por entender cómo podía hacer que su relación con Dios fuera correcta, y aun en su brillantez, no pudo encontrar una manera. Lutero estaba tan enojado con Dios porque creía que Dios le exigía algo que no podía hacer.

Luego, mientras leía la epístola a los Romanos, Lutero se detuvo en seco por esta frase: "Esta justicia de Dios llega, mediante la fe en Jesucristo, a todos los que creen" (Rom. 3:22). La justicia, aquí mencionado, no se refiere a nuesta justicia que nos lleva a Dios sino la justicia de Dios que *proviene de* Dios. Y se nos concede como un regalo a través de la fe. Solo fe. No fe más obras, no fe más indulgencias, no fe más penitencia, no fe más donaciones, no fe más nada. Simplemente fe por si sola en Cristo.

Solo la fe en Cristo.

La justicia de Dios se da gratuitamente a quienes creen.

Ahora, tener fe no es creer *sobre* Jesús. Los demonios creen *sobre* Jesús. Los demonios tienen más fe que muchos que dicen ser cristianos. La Biblia dice: "También los demonios lo creen, y tiemblan" (Santiago 2:19). Saben quién es Jesús. Tú puedes creer todos los hechos sobre Jesús. Puedes creer cada historia de la Biblia, cada estudio bíblico y cada sermón que hayas escuchado que ha sido predicada en la verdad. Puedes creer todos los hechos y no tener fe. La fe no es creer *sobre* Jesús. La fe es creer *en* Jesús.

La fe es creer *en* Jesús.

Hebreos 12:1-3 nos da una gran definición de la fe:

1 Por tanto, también nosotros que estamos rodeados de una nube tan grande de testigos, despojémonos de todo peso y del pecado que nos asedia y corramos con perseverancia la carrera que tenemos por delante. 2 Fijemos la mirada en Jesús, el iniciador y perfeccionador de nuestra fe, quien por el gozo que le esperaba, soportó la cruz, menospreciando la vergüenza que ella significaba, y ahora está sentado a la derecha del trono de Dios. 3 Así, pues, consideren a aquel que perseveró frente a tanta oposición por parte de los pecadores, para que no se cansen ni pierdan el ánimo.

La fe es mirar hacia Jesús. Eso es lo que es la fe. "Mirando hacia Jesús, el autor y consumador de nuestra fe..." Es mirar hacia Jesús, quien es el que murió por ti. Debemos apartar nuestra mirada de nosotros mismos y mirar a Cristo. Mírale. Eso es la fe.

Apartando la vista de nosotros mismos y mirando a Cristo.

En el capítulo 7 de su excelente libro, *La búsqueda de Dios*, A.W. Tozer dijo: "La fe es la mirada del alma en un Dios salvador". ¿No es grandioso? La mirada del alma hacia Dios. ¿Dónde buscas tu salvación? Si buscas en tu iglesia, no hay salvación en ninguna iglesia. Si estás buscando en algo que hayas hecho—un catecismo, una confirmación, o en el mérito de algo que hayas logrado de alguna manera, no hay salvación allí. La salvación viene al mirar hacia Jesús. Él soportó la cruz, el árbol de la muerte, para convertirlo en el Árbol de la Vida para nosotros. Al mirarlo a Él, recibimos la justicia de Dios. Es un regalo de gracia. No tienes que ganártelo.

Es tan bellamente simple. Pero la hermosa y humillante simplicidad del evangelio hace que las personas tropiecen con él, diciendo: "Dime algo que hacer. Por favor, dame una responsabilidad. ¿Qué trabajo necesito realizar? ¿Qué gran cosa debo hacer por Dios"? No hay nada que podamos hacer. Esa es la realidad. Estamos arruinados. Estamos perdidos. No podemos salvarnos a nosotros mismos. Pero Dios ha enviado a Uno que *sí* puede hacer algo—alguien que sí puede salvarnos— el Señor Jesucristo. Y nos convertimos en lo que Él es. Nos convertimos en la justicia de Dios cuando nuestra fe se dirige a Él y se queda depende de Él.

No pongas tu fe en una oración que rezaste hace 30 o 40 años. Agradece que rezaste esa oración, pero tu oración no fue una oración perfecta. Agradece a Dios que pasaste por el pasillo de la iglesia, pero no pasaste por el pasillo con una fe perfecta. Agradece a Dios que te bautizaste, pero no te bautizaste con una fe perfecta. La razón por la que estás salvado es porque Alguien perfecto, se sustituyó perfectamente por tus pecados y satisfizo la ira de Dios. Si pones la mirada en Cristo estás salvo. Permíteme escribir esto de nuevo porque es de suma importancia. Si estás mirando hacia Jesús, estás salvo. Punto. Fin de frase.

¿Estás fijando en Cristo hoy? Si miras a Cristo, déjame decirte lo que te espera. *Tienes la oportunidad de regresar al árbol.* Tienes la oportunidad de regresar al jardín porque el camino ha sido abierto a través de Jesucristo.

La Biblia comienza en el jardín, con el Árbol de la Vida y los portadores de la imagen de Dios disfrutando de Su presencia. Ahora, veamos Apocalipsis 22:1-5 donde termina la Biblia:

> *1 Luego el ángel me mostró un río de agua de vida, claro como el cristal, que salía del trono de Dios y del Cordero 2 y corría por el centro de la calle principal de la ciudad. A cada lado del río estaba el árbol de la vida, que produce doce cosechas al año, una por mes; y las hojas del árbol son para la salud de las naciones. 3 Ya no habrá maldición. El trono de Dios y del Cordero estará en la ciudad. Sus siervos lo adorarán; 4 lo verán cara a cara y llevarán su nombre en la frente. 5 Ya no habrá noche; no necesitarán luz de lámpara ni de sol, porque el Señor Dios los alumbrará. Y reinarán por los siglos de los siglos.*

No hay Satanás en este jardín. El mal ha sido desterrado para siempre. No habrá más maldición. Solo habrá el trono de Dios, y el Cordero estará sentado en el trono, y sus siervos le adorarán. Paraíso perdido, paraíso redimido. En Apocalipsis 22:13-15, el Señor dice:

> *13 Yo soy el Alfa y la Omega, el Primero y el Último,*
> *el Principio y el Fin.*
> *14 "Dichosos los que lavan sus ropas para tener*
> *derecho al árbol de la vida y para poder entrar por las*
> *puertas de la ciudad. 15 Pero afuera se quedarán los*
> *perros, los que practican las artes mágicas, los que*
> *cometen inmoralidades sexuales, los asesinos, los*
> *idólatras y todos los que aman y practican la mentira".*
> (Revelación 22:13-15)

Los que lavan sus vestiduras tienen derecho al "Árbol de la Vida". El Árbol del Conocimiento del Bien y del Mal se convirtió en el árbol del mal. Y los portadores de la imagen fueron expulsados de la presencia de Dios. Pero otro portador de la imagen vino, un portador de imagen perfecto, y vivió la vida que debimos haber vivido. Se dejó clavar en el árbol de la muerte, y en ese árbol, conquistó el pecado y a Satanás. Jesús llevó nuestro pecado y nos dio su justicia. Y todos aquellos que miran hacia Él reciben la justicia de Dios y heredan el privilegio de entrar al Reino, paraíso una vez más, para comer del Árbol de la Vida, por los siglos de los siglos, en una patria eterna donde nunca más habrá una maldición.

La mejor manera que conozco, con la ayuda del Espíritu Santo y la Palabra de Dios, he compartido el evangelio de Jesucristo contigo. Este es el evangelio eterno y perdurable. Jesús da salvación a todos los que miran hacia Él, así que, ¿mirarás a Cristo? Aléjate de cualquier confianza en las oraciones, en una iglesia, en el catecismo o en la confirmación, o en el Bautismo. Aléjate de estos y mira a Jesús—el autor y consumador de nuestra fe. Todos los que miran hacia Él y confían en Él reciben la justicia de Dios.

R.E.A.P.
Guiá Para Cosechar
de La Palabra de Dios

READ (Leer):
- Romanos 8:28-30
- Gálatas 5:22-23

EXAMINE (Examinar):
- ¿Qué verdad te llamó la atención del Capítulo 4 de *A Su Imagen*?
- ¿Cómo es la promesa de Romanos 8:28 tan alentadora para los seguidores de Jesucristo? ¿Qué debería incluirse en "todas las cosas"?
- Al leer Romanos 8:29-30, ¿quién es el que realiza toda la acción? ¿Por qué crees que esto es relevante?
- En Romanos 8:29, el objetivo principal de Dios es que nosotros "seamos transformados según la imagen de su Hijo". Observa las palabras que te describen como un portador de la imagen que ha sido restaurada. ¿Cómo te brindan esas palabras seguridad?
- Gálatas 5:22-23 describe el fruto que Dios el Espíritu Santo produce en cada creyente. ¿Dónde ves este fruto en la vida del Señor Jesús? ¿Dónde ves que se produce este fruto en tu propia vida?

APPLY (Aplicar):
- ¿Realmente crees en la promesa de que Dios está utilizando "todas las cosas" en tu vida para tu bienestar y restauración? ¿Incluso las cosas difíciles? Haz una lista de los eventos que están ocurriendo en tu vida que Dios podría estar utilizando para restaurarte.

- Agradece a Dios por cada elemento de tu lista, sabiendo que Él controla todo para tu bien y restauración.
- Piensa en otro creyente que está luchando en este momento. ¿Qué aliento tangible puedes darle esta semana?

PRAY (Orar):
- Cuando hables con Dios, dale gracias por su plan imparable y seguro para hacerte semejante a su Hijo.
- Ora por la valentía de vivir como un portador de imagen que ha sido predeterminado, justificado y glorificado.
- Entrega a Dios las cosas que parecen ser perjudiciales, confiando en Él para que trabaje todas las cosas en tu vida para el bien.

PARTE IV:
SU IMAGEN RENOVADA

5

OH, VEN, DÉJANOS ADORARLO

16 Por tanto, no nos desanimamos. Al contrario,
aunque por fuera nos vamos desgastando, por dentro
nos vamos renovando día tras día. 17 Pues los
sufrimientos ligeros y efímeros que ahora padecemos
producen una gloria eterna que vale muchísimo más
que todo sufrimiento. 18 Así que no nos fijamos en lo
visible, sino en lo invisible, ya que lo que se ve es
pasajero, mientras que lo que no se ve es eterno.
(2 Corintios 4:16-18)

E sta mañana, cuando me miré al espejo, vi cumplida esta Escritura: ¡Se va desgastando nuestro hombre exterior! Pero también alabé a Dios porque, mientras contemplaba el hermoso mundo que Dios nos ha dado, me tomé el tiempo de mirar su Palabra. Y experimenté el cumplimiento de *esta* Escritura: "El interior, sin embargo, se va renovando de día en día". Me regocijo en Dios, mi Salvador, porque, sí, mi cuerpo envejece y se debilita, pero mi espíritu es eternamente joven. Estoy deseando que llegue el día en que Dios me dé un cuerpo eternamente joven que acompañe a este espíritu eternamente joven. Cuando ambos se unan, será el paraíso.

El yo interior espera el día en que la renovación total del yo exterior coincida con el nuevo yo que tenemos en Jesucristo. Anhelamos existir para siempre a su imagen. Este libro, *A Su Imagen*, trata de lo que Dios está haciendo para rehacernos a su imagen.

La Palabra de Dios esboza el proceso necesario para restaurarnos a usted y a mí a su imagen. Romanos 8 habla del proyecto eterno de Dios para realizar restauración. El plan de Dios es "eterno" porque ha sido planeado desde la eternidad. Cuando Adán y Eva pecaron, no cogieron a Dios por sorpresa. Dios Padre no tuvo que convocar a la Santísima Trinidad a una sesión de emergencia y decir: "¿Qué vamos a hacer"? El plan de Dios de redimir a las personas no es un plan B. El plan A de Dios desde la eternidad pasada era que restauraría a los arruinados portadores de Su imagen. Ese es Su plan.

LA CADENA DORADA DE LA SALVACIÓN DE DIOS

El Plan A es eterno y personal. En Romanos 8, el apóstol Pablo esboza una cadena dorada de salvación: cinco eslabones dorados del Evangelio atados entre sí desde la eternidad pasada hasta la eternidad futura. Este es el plan de Dios para la salvación eterna, y también es el plan para tu salvación personal. Es asombroso.

> *28 Ahora bien, sabemos que Dios dispone todas las cosas para el bien de quienes lo aman, los que han sido llamados de acuerdo con su propósito. 29 Porque*

*a los que Dios **conoció de antemano**, también los*
***predestinó** a ser transformados según la imagen de*
su Hijo, para que él sea el primogénito entre muchos
hermanos. 30 A los que predestinó, también los
*llamó; a los que **llamó**, también los **justificó**; y a los*
*que justificó, también los **glorificó**.*
(Romanos 8:28-30)

Romanos 8:29 dice: "Porque a los que Dios conoció de antemano..." Las palabras "conoció de antemano" significa que Dios entró en una relación de pacto personal con su pueblo antes de que siquiera fueran creados. En la eternidad pasada, Él fijó su amor en su pueblo para que su salvación pudiera ser cumplida. Dios *los conoció de antemano*.

Y de ese gran amor, Dios los *predestinó*. "Predestinado" significa que los marcó para que sean suyos. Aquellos en los cuales Dios fijó su amor y a quienes ha conocido en una relación de pacto antes de que comenzara el mundo, los marcó para que sean suyos.

Dios marcó a su pueblo para que fuera suyo.

En el versículo 30, Pablo dice que llegó un momento en que aquellos a quienes Dios había conocido de antemano y predestinado, *también llamó*. "Llamar" significa que hay un momento en el tiempo en que Dios *llama* a los arruinados portadores de Su imagen, es decir, pecadores, hacia sí mismo a través del Espíritu Santo. Los saca de la oscuridad y los lleva a la luz de la salvación. Dios los *llama*, y ellos vienen.

Pablo continúa en el versículo 30: "...y a los que justificó, también los glorificó". Hay un momento en que Dios—debido al mérito del Señor Jesucristo y el valor inestimable de Su sacrificio expiatorio en la cruz—Dios declara *inocentes* a aquellos que, por fe, miran a Jesucristo como su Señor y Salvador. Los creyentes que miran a Jesús son justificados de todos sus pecados. Se les declara justos, no basados en su propia justicia, sino por una justicia que proviene del mismo Dios.

Pablo continúa diciendo que "...a los que justificó, también los glorificó" (Rom. 8:30). Esto no ha sucedido todavía, pero es asombroso. Nosotros los creyentes aún no hemos sido glorificados, sin embargo es tan cierto en la mente de Dios que utiliza los verbos en pasado. El *ya* ha glorificado a cada uno de sus hijos. Ya ha determinado que serán restaurados y que disfrutarán de ser glorificados en su presencia para siempre. El paraíso recuperado.

Estos cinco pasos del plan de Dios forman la cadena de oro de la salvación y se extiende de eternidad a eternidad. Para los cristianos, ésta es la cadena que une nuestras vidas a Dios por medio de Cristo.

Estos cinco actos específicos son todos actos de Dios: Él conoció de antemano, Él *predestinó*, Él *llamó*, Él *justificó* y Él *glorificó*. Sin embargo, note que esto también implica un *proceso*. Entre *justificado* y *glorificado*, hay una *vida*. Tu vida. Hay un periodo de tiempo entre cuando fuiste justificado por fe y cuando serás glorificado en la resurrección. Durante este periodo, los cristianos experimentan un proceso por el cual son *santificados*. En este proceso, nos apartamos cada vez más para pertenecer a Dios y cada vez menos para pertenecer a *nuestros mismos*.

¿Por qué no se mencionó la palabra "santificado" en las Escrituras? ¿Por qué Pablo no dijo, "...los que justificó, también los glorificó, los santificó"? La palabra "santificado" no está porque Pablo ya ha descrito lo que significa la santificación en Romanos 8:28-29. Él dice: "Y sabemos que a los que aman a Dios, todas las cosas les ayudan a bien, esto es, a los que conforme a su propósito son llamados. Porque a los que antes conoció, también los predestinó para que fuesen hechos conforme a la imagen de su Hijo..."

Hay un proceso en marcha en la vida de cada cristiano, y el proceso es un proceso en el que Dios conforma a ese creyente, cada vez más, a la imagen del Hijo de Dios. ¡Dios tiene un programa divino de remodelación! Es la remodelación de nuestras vidas, haciéndonos semejantes a la imagen de Cristo. Ahora, cuando pensamos en Dios moldeándonos a la imagen de su Hijo, no podemos evitar recordar el libro de Génesis y la historia de la creación de Adán. Cuando Dios creó al hombre, anunció: "'Hagamos al ser humano a nuestra imagen y semejanza'" (Gén. 1:26).

De una manera muy poderosa y conmovedora, se nos dice cómo Dios creó al hombre. Usó el polvo de la tierra. Y con esto, tenemos una imagen en nuestras mentes del Dios Todopoderoso arrodillado en la tierra, tomando el polvo y formándola, como un maestro artesano, en un ser humano. Adán fue creado a imagen de Dios, pero esa imagen pronto fue terriblemente manchada por el pecado. Y todos nosotros, como descendientes de nuestros antepasados humanos, Adán y Eva, estamos corruptos. Nuestra imagen que refleja a Dios está corrupta por nuestra propia naturaleza pecaminosa y nuestro propio pecado personal.

Pero el plan de Dios es un plan de reformar esa imagen corrupta. Con el poder de su Espíritu, Dios proclama: *"Voy a remodelar a mis portadores de imagen, pero esta vez, voy a usar un modelo perfecto"*. Y el modelo que utiliza para formarnos es el modelo de su Hijo, el Señor de la Gloria. A través de nuestra salvación en Cristo, el Espíritu de Dios comienza a remodelarnos como portadores de imagen. Nos hacemos cada vez más como el portador de imagen perfecto sí mismo: el Hijo de Dios, Jesucristo.

Eso es el evangelio, y el evangelio es una *acción*. Es un proceso continuo de Dios obrando en nuestras vidas. Él nos está remodelando para formarnos a la imagen de su Hijo. Esa es la *promesa* de Dios, y ese es el *proceso* de Dios. ¿Cómo cumple Dios esto? ¿Cuáles son los medios que Dios utiliza para remodelarnos a su imagen? ¿Y cómo puedo yo, como una persona débil y pecadora, facilitar lo que Dios está haciendo? No somos neutrales en esto. Somos *respondedores activos* en este proceso de santificación.

Entonces, ¿cómo nos remodela Dios en realidad? Hay tres respuestas primarias y personales mediante las cuales entramos y facilitamos esta obra de Dios en nuestras vidas. La primera respuesta con la que participamos con Dios en este proceso es a través de la *adoración*.

ADORACIÓN

A través de nuestra adoración a Dios, nuestro culto, somos renovados como portadores de la imagen de Dios. El proceso de renovación ocurre mientras estamos con Él, y es en su presencia donde Él nos cambia de manera más efectiva y poderosa. La adoración siempre está conectada con el concepto de estar *en la presencia de Dios*.

La palabra griega que se usa más a menudo para adorar en el Nuevo Testamento es *proskuneo*. *Pros* significa "hacia". *Kuneo* significa "besar". Adorar, entonces, significa "besar hacia". Es una imagen de la antigua región de Medio Oriente de alguien que se presenta ante un gobernante, un rey o un alto funcionario. Esa persona se inclinaría hacia adelante y a menudo besaría el suelo sobre el cual estaba el rey o gobernante. O, en otras ocasiones, uno se arrodillaría, se inclinaría hacia adelante y besaría el anillo o el sello en el dedo del gobernante o del rey. Él "besaría hacia" el oficial.

¿Qué nos dice eso sobre la adoración? La adoración combina dos grandes cualidades: *reverencia y amor*. La adoración es el acto de expresar amor reverente hacia Dios. Contiene temor, reverencia, devoción y adoración. Es una expresión de amor reverente. Y es tan poderosa porque es a través de la adoración, al expresar amor reverente a nuestro creador, que somos renovados y transformados.

2 Corintios es la carta más personal y autobiográfica que el apóstol Pablo haya escrito. En ella, expresa las cosas de su corazón—su vida, su camino, su testimonio—porque ha sido tan desacreditado por sus enemigos en Corinto. La gente preguntaba: "¿Dónde están las cartas de Pablo? Si es un gran líder, ¿dónde están los testimonios"? En el capítulo 3, Pablo dice: *"¿Realmente necesito cartas de presentación? Escúchenme. Ustedes son mis cartas de presentación. Si alguien quiere conocer la verdad de mi ministerio, si alguien quiere saber la verdad de que he sido fiel a Dios, si alguien quiere conocer la realidad del evangelio, ustedes son mis cartas de acreditación. Sus vidas son mis cartas. Ustedes son epístolas vivientes".*

> *Es evidente que ustedes son una carta de Cristo,*
> *expedida por nosotros, escrita no con tinta, sino con*
> *el Espíritu del Dios viviente; no en tablas de piedra,*
> *sino en tablas de carne, en los corazones.*
> (2 Corintios 3:3)

Luego, Pablo describe la entrega del Antiguo Pacto. Moisés subió al monte y recibió la ley en las tablas de piedra. Cuando descendió, su rostro brillaba tan intensamente con la gloria de Dios que nadie podía mirarlo. Le pidieron a Moisés que se pusiera un velo sobre el rostro, pero con el tiempo, la gloria del Señor se desvaneció lentamente, por lo que Moisés pudo eventualmente quitarse el velo.

Paul explica que el Antiguo Pacto, la ley, ha desvanecido. Tenía una gloria, la gloria del Monte Sinaí, pero esa gloria se está desvaneciendo porque ha llegado una nueva gloria. Esa nueva gloria es la gloria del *Nuevo Pacto* del Espíritu. Este no es el Antiguo Pacto de la Ley, compuesto por palabras en piedra, sino el Nuevo Pacto del Espíritu, que es la obra de la Palabra de Dios inscrita en el corazón de alguien. Este pacto nunca se desvanece, sino que brilla y brilla con una gloria cada vez mayor.

Entonces Pablo hace esta asombrosa analogía. Él dice que cuando las personas buscan la Ley para salvarse, es como si tuvieran un velo de incredulidad sobre su rostro. Es como si un velo cubriera sus ojos, y no pudieran ver el evangelio. Luego Pablo dice algo tan hermoso:

> 16 *Pero cada vez que alguien se vuelve al Señor* [cuando se arrepiente y tiene fe en Jesús], *el velo es quitado.* [La incapacidad de ver la gloria de Dios en Cristo se elimina.] *Ahora bien, el Señor es el Espíritu, y donde está el Espíritu del Señor, allí hay libertad.*
> (2 Corintios 3:16-17)

¡Libertad! No la antigua esclavitud a la Ley, sino ahora plena libertad en Cristo. Concentrémonos en este impresionante versículo:

> *Así, todos nosotros, que con el rostro descubierto reflejamos como en un espejo la gloria del Señor, somos transformados a su semejanza con más y más gloria por la acción del Señor, que es el Espíritu.*
> (2 Corintios 3:18)

Observe que hay una *acción* y luego hay un *resultado*. Hay una acción que trae un resultado. ¿Cuál es la acción? La acción en el versículo 18 es que "reflejamos...la gloria del Señor". La acción es que miramos "con el rostro descubierto y reflejamos la gloria del Señor". Esa es la acción: mirar hacia el Señor. Y aquí está el resultado: estamos "somos transformados a Su semejanza".

Pablo revela que, a medida que las personas se vuelven hacia el Señor y comienzan a adorar a Jesús, están siendo transformadas a la misma imagen del Señor. Están siendo cambiadas. Se están volviendo cada vez más como Jesús. Están siendo transformadas por el Espíritu de Dios con más y más gloria. Estamos siendo transformadas. La palabra transformada significa *metamorfosis*. Las personas que se enfocan en el Señor están pasando por una metamorfosis. Una metamorfosis significa un cambio significativo de adentro hacia afuera. Significa ser cambiado por dentro para que la nueva persona brille por fuera de la antigua persona.

¿Recuerdas la historia de Jesús en el Monte de la Transfiguración? La Biblia dice que fue *transfigurado* en presencia de sus tres discípulos. Esta palabra, "transfigurado", es la misma palabra para metamorfosis. Jesús experimentó una metamorfosis delante de sus propios ojos. El Jesús interior, el eterno Hijo de Dios, brilló a través del cuerpo de Jesús de Nazaret. Así que, los tres discípulos, Simón Pedro, Santiago y Juan, vieron al Hijo de Dios, no en el cuerpo físico que lo contenía, sino en la realidad de quién es realmente.

Paul dice que lo mismo nos sucede. A medida que adoramos al Señor y dirigimos nuestro enfoque de nosotros mismos y del mundo hacia el Señor, ocurre una metamorfosis para que cada vez más su nuevo yo brille a través de su antiguo yo. Increíble, ¿verdad?! Es un cambio *continuo* y en crecimiento de un grado de gloria a otro. ¿Y dónde ocurre este cambio? Occure en la presencia de Dios. En la adoración. La metamorfosis ocurre cuando estamos *"reflejando como en un espejo la gloria del Señor"*.

Ahora, ¿cómo participas o facilitas este proceso? ¿Cómo contemplas la gloria del Señor? Lo haces de una manera muy simple pero costosa. Si deseas que tu vida sea transformada, y si quieres crecer para ser más como Jesús, *debes pasar tiempo con Él.*

Nunca experimentarás renovación al correr.

La adoración es estar en la presencia del Señor. Es tan simple pero costosa porque te cuesta lo que es más precioso para ti. Te cuesta tiempo. La adoración personal requiere tiempo. Nunca experimentarás renovación al correr. Nunca obtendrás la santidad por muchísima actividad. Si realmente deseas ser un portador de la imagen de Dios y ser más como Jesús, hay que encontrar el tiempo para sentarte a sus pies. Debes programar tiempo para estar con Él, abrir Su Palabra, abrir tu corazón, abrir tus oídos para escuchar y abrir tu boca para hablar con Él. Todo esto requiere tiempo.

Cuando reservas tiempo para estar en la presencia del Señor, cuando abres Su Palabra y le permites hablar, cuando abres tus oídos para escuchar, y cuando abres tu corazón para atender lo que Dios *está diciendo, sucede la adoración.*

Así, todos nosotros, que con el rostro descubierto reflejamos como en un espejo la gloria del Señor, somos transformados a su semejanza con más y más gloria por la acción del Señor, que es el Espíritu.
(2 Corintios 3:18)

Estás siendo renovado a su imagen cuando estás en la presencia de Dios.

La iglesia de la cuál tengo la bendición de pastorear tiene un maravilloso ministerio llamado Renovar. Renovar es un ministerio de recuperación para aquellos que han experimentado, o están experimentando, la esclavitud del abuso de sustancias. No lo llamamos "Recuperación" porque *recuperarse* no es el objetivo. El objetivo del Señor no es que las personas se *recuperen*. El objetivo del Señor es que las personas sean *renovadas*. "Recuperarse" significa que estás mejor pero sigues siendo el mismo. Te has recuperado de una enfermedad. Estás mejor, pero eres el mismo. Ser "renovado" significa que has sido transformado. Estás mejor, pero no eres la persona que solías ser. Ha ocurrido un cambio en tu propia identidad. Has sido renovado, y eso es lo que el Señor revela en 2 Corintios 3:18. "Así, todos nosotros, que con el rostro descubierto reflejamos como en un espejo la gloria del Señor, somos transformados a su semejanza con más y más gloria por la acción del Señor, que es el Espíritu".

El proceso de renovación lleva tiempo. No se puede apresurar, y no se puede lograr este milagro en un microondas. Estamos tan acostumbrados a los microondas, ¿verdad? Tres minutos parecen una eternidad mientras paramos allí y esperamos. Hemos llegado a esperar la misma gratificación instantánea en nuestras vidas espirituales.

"Voy a la iglesia bastante a menudo. Eso tiene que contar para algo".

"No tengo tiempo para leer la Biblia porque estoy demasiado ocupado. Así que, cuando estoy en el coche, pongo un CD".

Hablo con el Señor cuando estoy en el gimnasio.

"Lo entiendo. De verdad, lo hago. Pero tengo responsabilidades importantes y soy una persona muy ocupada. No tengo tiempo para quedarme allí y pensar en Dios

El proceso de renovación es muy simple, pero te costará tu bien más preciado: el tiempo. Se te dan 168 horas doradas cada semana. Si deseas renovación, deberás encontrar períodos de tiempo durante esas 168 horas para estar en la presencia del Señor.

Hay grandes libros que la gente puede recomendarte, pero no hay libro como El Libro—*la* Biblia. Hay excelentes recursos que las personas pueden recomendarte para ayudarte, pero no hay recurso como el recurso del Espíritu Santo. Hay herramientas maravillosas que la gente puede compartir contigo, pero nada es tan poderoso como pasar tiempo con Jesús. Él es la respuesta. Habla con Él como si estuviera ahí porque, ¿sabes qué? ¡Él sí está presente! Y desea una relación contigo.

Habla con Jesús como si estuviera allí porque Él sí está presente.

Abre su Palabra. Abre la Biblia. Podrías preguntar: "¿Por dónde empiezo"? Te recomendaría los Evangelios (Mateo, Marcos, Lucas y Juan), pero lo más importante es ¡comenzar! Di en voz alta: "*Señor, tú eres el autor de este libro. Tú eres el Dios que renueva a las personas a tu imagen. Te busco. Quiero estar aquí contigo. Estoy escuchando. Por favor, háblame. Te estoy adorando*". Haces eso, y ¿sabes qué? Comienza a suceder. La transformación. No inmediatamente. No es por microondas. Pero el proceso es real. Y cuando tú comiences, también comienza el proceso.

Si quieres portar la imagen de Cristo, debes pasar tiempo con Él. La primera llamada de Jesús a cada discípulo es:

"Sígueme. Ven, estate conmigo". Ser cristiano no se trata de llegar al cielo cuando mueres. Ese es el resultado, sí. Pero ser cristiano significa que sigues a Jesús, día tras día, y que estás *con Él*.

"Por tanto, no nos desanimamos. Al contrario, aunque por fuera nos vamos desgastando, por dentro nos vamos renovando día tras día" (2 Cor. 4:16). Pasa tiempo con Jesús, y este es el resultado prometido: una verdadera metamorfosis interior.

R.E.A.P.
Guiá Para Cosechar
de La Palabra de Dios

READ (Leer):
- Romanos 8:26-30
- 1 Cor. 15:49
- 2 Cor. 3:18
- Col. 3:10
- 1 Juan 3:2

EXAMINE (Examinar):
- ¿Qué te enseñó Dios a través de *A Su Imagen*, Capítulo 5?
- De los pasajes mencionados en la sección "Leer" arriba, enumera tres de las promesas de Dios presentadas y refiérete a ellas durante la semana.
- ¿Cuál es la fuente de seguridad que se da en estos pasajes que proporciona la confianza de que estas promesas se harán realidad?
- Romanos 8:28 es uno de los pasajes de las Escrituras que los creyentes citan con más frecuencia. ¿Cómo impacta la lectura de este versículo, dentro del contexto del pasaje completo, tus pensamientos sobre su significado?

APPLY (Aplicar):
- ¡Hay más de 3000 promesas hechas por Dios en la Biblia! Dios llevará a cabo todo lo que ha dicho que hará. El capítulo 5 de *A Su Imagen* se basa en la promesa de Dios de renovar Su imagen en Su pueblo. Desde el momento en que te convertiste en discípulo de Jesucristo, la presencia del Espíritu Santo ha iniciado un

proceso de renovación que dura toda la vida, restaurando el efecto dañino del pecado en ti. Describe una o dos maneras en que el Espíritu Santo ha traído renovación a tu vida.

- Uno de los beneficios de captar las promesas de Dios es que Su pueblo puede vivir con confianza y seguridad. Las verdades que has obtenido de este capítulo y del estudio de los pasajes listados deberían resultar en confiar en que Dios cumplirá fielmente todo lo que ha prometido, incluso cuando te enfrentes a la incertidumbre y la duda (Heb. 11:1). ¿En qué áreas de tu vida puedes confiar intencionadamente más en Dios?

PRAY (Orar):
- La duda y el miedo a menudo se intensifican cuando abrazas la verdad de las promesas de Dios en las Escrituras. Debes confiar en Dios, incluso durante estos momentos de inseguridad. Pídele consuelo y guía.
- Al orar esta semana, ofrece a Dios alabanzas y adoración por la certeza de su Palabra y todas las promesas que ha hecho. Pídele un renuevo diario de la determinación necesaria para caminar de una manera digna del llamado que ha puesto en tu vida. Agradécele por renovarte a la imagen de Cristo, incluso en esos momentos en que sientes que no cumples con sus expectativas.

6

ABRAZANDO EL PROPÓSITO DE DIOS

Hace varios años, fui invitado a unirme a la junta de una pequeña misión que un amigo mío estaba dirigiendo. Me tentó diciéndome que la reunión anual de la junta sería en Orlando, Florida... ¡en febrero! Oré sobre eso durante unos quince segundos y luego dije: "¡Sí"!

La primera reunión de la junta a la que asistí fue en una gran sala de conferencias en el hotel, y casualmente ocurrió en mi cumpleaños. No conocía a nadie más en la junta, así que puedes imaginarte mi sorpresa cuando entré en la sala y todo el lugar estaba decorado con artículos de celebración de cumpleaños. Había globos flotantes, un hermoso pastel y ponche. Estoy pensando: "¿Cómo lo supieron? Esto es increíble. Estas son las personas más amables que nunca he conocido".

Me quedé allí bebiendo un poco de mi propio ponche, saludando a algunas personas cuando la reunión finalmente comenzó. El líder dijo: "Bien, cantemos feliz cumpleaños a nuestro invitado de honor". Todas las personas en la sala empezaron a cantar feliz cumpleaños. Yo estaba allí sonriendo y disfrutando del momento hasta que llegaron al final de la canción. "Feliz cumpleaños, querido *Bob*. Feliz cumpleaños a ti".

¿Bob?! Sí, había un caballero mayor presente, también miembro de la junta, y todos los que se habían reunido estaban celebrando *su* cumpleaños. ¡El Señor ciertamente tiene una manera de humillarte a veces! Casi puedo verlo dándole un codazo a Gabriel y diciendo: "Oye, Gabe. Mira esto".

Me acerqué a este hombre llamado Bob y le dije: "No vas a creer esto, Bob, pero hoy también es mi cumpleaños".

Él dijo: "¿Hoy es *tu* cumpleaños"?

Dije: "Sí, hoy es mi cumpleaños".

"Bueno, me alegra compartir mi fiesta de cumpleaños contigo. Feliz cumpleaños".

"Muchas gracias." Luego le pregunté a Bob, "¿De dónde eres"?

Dijo: "Nací en un lugar del que nunca has oído hablar en tu vida. Nací en el condado de Henry, Indiana".

"¿Dónde"? pregunté.

"Condado de Henry, Indiana".

Respondí: "*Nací* en el condado de Henry, Indiana"!

Él dijo: "¿Estás bromeando"?

Dije: "¡Hablo en serio! Nací en el condado de Henry, Indiana. El diecinueve de febrero." Luego le pregunté a Bob: "¿Dónde específicamente naciste en el condado de Henry, Indiana"?

Bob respondió: "¿Recuerdas la carretera Greensboro Pike"?

"¿Greensboro Pike? ¡Por supuesto! Había una tienda rural allí donde mi padre solía llevarme a mí y a mis hermanos a comprar dulces y refrescos".

Dijo: "Bueno, ¿sabes esa casa de campo justo enfrente de la carretera Greensboro"?

"Sí".

"Nací en esa casa de campo". (¡En ese momento esperaba que comenzara la música del tema de *La dimensión desconocida—The Twilight Zone*!)

Mientras servía en esa junta, tuve la oportunidad de conocer a Bob. Aprendí que él y su padre habían inventado el enganche de remolque Reese. El negocio de Bob prosperó y se volvió bastante adinerado. Era un devoto seguidor del Señor y también era ejemplar en su generosidad. Tenía la determinación de que él y su esposa donarían la mayor parte de sus recursos al trabajo del Señor.

Ahora, ¿cuáles eran las probabilidades de que nos encontráramos? ¿Puedes imaginar? Dos desconocidas que se conocieron por primera vez en la misma fecha de sus cumpleaños, en la misma habitación en el estado de la Florida, aunque fueron nacidos en el mismo condado una distancia de cientos de millas de aquel reunión. Eso fue increíble. Compartimos el mismo día de nacimiento y el mismo lugar de nacimiento, pero como cristianos, Bob y yo también compartimos algo más: compartimos el mismo propósito de nacimiento. Dios nos dio a ambos vida eterna con el mismo *propósito*. Y es el mismo propósito que Él te dio a ti para tu nacimiento, si eres cristiano.

El propósito de nuestro nacimiento como cristianos se ha expuesto claramente en Romanos 8:29: "Porque a los que Dios conoció de antemano, también los predestinó a ser transformados según la imagen de su Hijo, para que él sea el primogénito entre muchos hermanos". El Señor Jesús nos dio vida para que pudiéramos ser conformados a su imagen. Dios, quien nos ha salvado, nos ha salvado para que pudiéramos ser conformados a la imagen de su Hijo. La mayoría de cristianos no comparten ni el mismo cumpleaños *física ni lo espiritual*, pero cada cristiano comparte el mismo *propósito de nacimiento*.

Renacimos, no solo para entrar al cielo cuando morimos, sino para ser portadores de la imagen de Dios. Debemos ser transformados en la semejanza de Jesús y renovados a su imagen. De eso trata este libro, *A Su Imagen*. En el capítulo 5, planteamos la pregunta: "¿Cómo nos hace el Señor semejantes a Jesús? ¿Cómo inicia el proceso que completará un día? ¿Cuál es ese proceso"? Y también, muy importante, "¿Cómo facilitamos ese proceso mientras Dios trabaja en nuestros corazones para hacernos más como la imagen de su Hijo"?

Hay tres palabras que nos guían en el proceso de volvernos más como Jesús. Hemos discutido la primera palabra: *adoración*. Somos transformados a través de nuestra adoración. Es en su presencia donde somos renovados como portadores de su imagen, no solo el domingo por la mañana, sino también durante la adoración personal y privada. La intención de Dios a través de la iglesia local es usar el tiempo público de adoración para hacernos más como Jesucristo. A medida que permitimos que ese proceso se lleve a cabo en nuestras vidas, somos cambiados. Pablo describe el proceso en 2 Corintios 3:16. "Pero cada vez que alguien se vuelve al Señor, el velo es quitado". El velo es la ceguera que nos impide ver la gloria de Dios en el rostro de Jesucristo. Cuando uno cree, se arrepiente y se vuelve al Señor, se quita el velo.

17 Ahora bien, el Señor es el Espíritu, y donde está el Espíritu del Señor, allí hay libertad. 18 Así, todos nosotros, que con el rostro descubierto reflejamos como en un espejo la gloria del Señor [ADORACIÓN/ALABANZA], somos transformados a su semejanza con más y más gloria por la acción del Señor, que es el Espíritu. (2 Corintios 3:17-18)

¿Cómo facilitamos este milagro del Espíritu? Hay una acción y el resultado. Mientras adoramos al Señor, mientras estamos en su presencia, mientras enfocamos nuestra atención en la gloria de Dios en Cristo, estamos siendo transformados a la misma imagen. Este es el plan de Dios—que seamos conformados a la imagen de su Hijo. Este proceso milagroso tiene lugar mientras estamos en la presencia del Señor, adorándolo, a través de la *adoración*.

COOPERACIÓN

También participamos en el proceso de Dios a través de la *cooperación*, o nuestra voluntad. Somos formados a la imagen de Cristo a través de nuestra *adoración* y por nuestra voluntad en *cooperación*. Cooperamos con Dios. Solo Dios puede redimir una vida. No podemos redimirnos a nosotros mismos. Solo Dios puede restaurar y renovar una vida, pero es importante entender que no somos neutrales en este proceso. Nunca leerás en la Biblia que simplemente te sientes con los brazos cruzados y digas: "Adelante, Dios. Hazlo". Dios nos llama a responder a Él, a su amor, y a su Espíritu. Ciertamente no estamos llamados a ser neutrales. Por la gracia de Dios, y a la medida que Él nos capacite, cooperamos con Él mientras Él obra en nuestras vidas.

**Debemos cooperar con Dios
mientras Él obra en nuestras vidas.**

Paul dice algo sobre este proceso en Filipenses 2:12-13. Dice, "Lleven a cabo" su salvación. Pero note que no dijo, "trabajen por..." Dijo, "Lleven a cabo..."

*12 Así que, mis queridos hermanos, como han
obedecido siempre —no solo en mi presencia, sino
mucho más ahora en mi ausencia—, lleven a cabo su
salvación con temor y temblor, 13 pues Dios es quien
produce en ustedes tanto el querer como el hacer para
que se cumpla su buena voluntad.*

Debemos *llevar a cabo* nuestra salvación en cooperación con
Dios, sabiendo que Dios está obrando dentro de nosotros. Y
debemos cooperar. ¿Cómo se ve cuando una persona comienza
a cooperar con Dios en su vida? Romanos 12:1 describe dos
maneras en las que cooperamos con Dios mientras Él trabaja
en nosotros para renovar nuestras vidas. La primera manera
en que cooperamos *es mediante el ceder*. Soltar y dejar a Dios
actuar. El siguiente versículo puede ser bastante familiar, pero
intenta disfrutarlo de nuevo como si fuera la primera vez:

*Por lo tanto, hermanos, tomando en cuenta la
misericordia de Dios, ruego que cada uno de ustedes,
en adoración espiritual, ofrezca su cuerpo como
sacrificio vivo, santo y agradable a Dios.*
(Romanos 12:1)

Cooperamos con el Señor al *ceder* nuestro control.

Quizás hayas oído la historia del hombre que estaba
caminando por un sendero que lo llevaba alrededor del mismo
borde de una montaña. De repente, tropezó y cayó por el
borde. Había un árbol creciendo en el costado de esa montaña,
y milagrosamente, mientras el hombre caía, logró agarrar una
de las ramas mientras caía. Así que, imagina, allí estaba
colgando entre el cielo y la tierra, con solo su agarre en esa
rama para evitar una muerte segura.

Empezó a gritar pidiendo ayuda, y luego oyó una voz que parecía venir directamente de las nubes. La voz dijo: "¿Crees que planté ese árbol para ti"?

¡Sí! ¡Sí! ¡Sí! ¡Creo!

La voz dijo: "¿Crees que soy capaz de enviar el viento y hacerte regresar justo a ese acantilado"?

Sí, sí. Creo.

Y entonces la voz dijo: "Está bien. Ahora, *suéltalo*".

El hombre se quedó colgado allí por un momento y luego respondió: "¿Hay alguien más allá arriba con quien pudiera hablar?"

Qué difícil nos resulta soltar. Esto es tan cierto que merece ser repetido. ¡Qué difícil nos resulta soltar!

Decimos: "Señor, quiero ser diferente".

El Señor dice: "Déjame ayudarte".

Decimos: "Señor, quiero que me cambies".

El Señor dice: "Déjame mostrarte mi plan".

Decimos: "¡Señor, úsame"!

Y el Señor dice: "Ahora, déjame decirte lo que estoy pensando".

Y no escuchamos.

Qué difícil nos resulta ceder el control. Sin embargo, no puedes cooperar y controlar al mismo tiempo. Estoy seguro de que has visto los letreros que dicen: "Dios es mi co-piloto." Pero permíteme decir esto, ¡si Dios es tu co-piloto, estás en el asiento equivocado! Alguien dijo una vez, quizás más apropiadamente, "Dios no es mi co-piloto. Dios es mi *piloto* y yo estoy en la camilla en la parte trasera del avión"!

No puedes cooperar y controlar al mismo tiempo. Tienes que soltar. Esta es la apelación de Pablo en Romanos 12:1. "Por lo tanto, hermanos, tomando en cuenta la misericordia de Dios, ruego que cada uno de ustedes...". Cada palabra en este versículo está llena de significado. La palabra "ruego" o "exhorto" es como si alguien se pusiera a tu lado, te pusiera el brazo por encima y te suplicara.

> *Por lo tanto, hermanos, tomando en cuenta la*
> *misericordia de Dios, ruego que cada uno de ustedes, en*
> *adoración espiritual, ofrezca su cuerpo como sacrificio*
> *vivo, santo y agradable a Dios.*
>
> (Romanos 12:1)

"Les ruego, hermanos", es la idea aquí. *"Y les ruego sobre la base de las misericordias de Dios en sus vidas. Las misericordias de su salvación. Las misericordias de su adopción en la familia de Dios. Las misericordias de la promesa de su glorificación"*. Si quisieras darle un título a la primera mitad del libro de Romanos, capítulos 1 al 11, podría ser *Las Misericordias de Dios*. Esos capítulos tratan de cómo Dios toma a un pecador muerto y condenado, y lo transforma en alguien que hereda la gloria. Pablo dice: *"Les ruego, basado en las misericordias de Dios, que ofrezcas sus cuerpos..."* La palabra "ofrezcas" aquí significa un acto definido. Significa algo que se hace deliberadamente en un momento dado. Te suplico por las misericordias de Dios que decidas ofrecer tu cuerpo a Dios como un sacrificio vivo. Tu cuerpo, de hecho, pertenece a Dios.

El denominador común de cada sacrificio animal en el Antiguo Testamento era que todos murieron. Todos eran matados como sacrificio, tal como Cristo sería matado y sacrificado. Pero ahora no tenemos que ofrecer tales sacrificios a Dios como parte de nuestra salvación porque Cristo se ha ofrecido a Dios una vez y para siempre. Cristo es el sacrificio perfecto. Ahora, debemos tomar la decisión de ofrecer *nuestro cuerpo* como un *sacrificio vivo*. Una entrega viva. No muerto. Totalmente vivo pero completamente entregado. Santo.

Apartado para Dios. Cuando mi cuerpo y mi vida están apartados para Dios, es aceptable, lo que significa que es grato para Él. El sacrificio que agrada a Dios es cuando presentas tu cuerpo para ser apartado para Él.

Paul dice que este es nuestro culto *espiritual*. La palabra "espiritual" aquí proviene del término griego *logikan*. De esta palabra obtenemos nuestra palabra *lógica*. Es tu acto lógico de adoración. Cuando piensas en las misericordias de Dios en tu vida, ¿no es ofrecerte a Jesús la única cosa lógica que puedes hacer? Es tu servicio de adoración espiritual, lógico y racional hacia Él y para Él.

Cuando salgas de la iglesia después de un servicio de adoración, el Señor quiere que el servicio de adoración continúe. A medida que vives para Él, tu vida se convierte en una adoración viviente. Hace muchos años, escuché a un predicador decir al final de su servicio de adoración: "Nuestra reunión ha terminado. Ahora comienza el servicio".

Pablo está hablando sobre el ceder. ¿Vas a soltar? ¿Qué estás aferrando en tu vida? ¿Qué estás tratando de controlar? ¿Vas a ceder tu futuro al Señor? ¿Vas a ceder tu pasado? ¿Cómo nos hace a Dios más semejante a Jesús? Lo hace cuando tenemos la actitud de Jesús, quien dijo: "He venido a hacer la voluntad de mi Padre. He venido a cooperar con mi Padre". Así es como comienza la transformación.

Como cristianos, cooperamos en este proceso de restauración al *ceder*, pero también cooperamos al *resistir*. ¿No suena eso como una contradicción de términos? "Debemos cooperar resistiendo". Pero eso es exactamente lo que Pablo está haciendo aquí. Está utilizando esta contradicción de términos para despertar nuestro interés. Está hablando de ceder el control y luego, después de haber cedido el control a Dios, Pablo implica: "Ahora quiero que resistan".

No se amolden al mundo actual, sino sean transformados
mediante la renovación de su mente. Así podrán comprobar
cómo es la voluntad de Dios: buena, agradable y perfecta.

(Romanos 12:2)

Aquí de nuevo, cada palabra es increíblemente intencionada e importante. Ahora que estás cediendo el control de tu vida a Dios, Pablo implica: *"Quiero que resistas"*. No te conformes a este mundo. Literalmente esto es, "Deja de conformarte a este mundo. Deja de permitir que el mundo te presione en su molde". Pablo no se refiere al *mundo* aquí como el planeta. Está hablando del espíritu del mundo. Los valores del mundo. La cultura. "Deja de permitir que el mundo te presione en su molde". Está diciendo: "Sé diferente. Rompe el molde. Sé libre."

Sé diferente. Rompe el molde. Sé libre.

Hoy oímos mucho sobre esto. Es casi risible si no fuera tan triste que las personas que piensan que son *diferentes*, las personas que piensan que son *reales*, las personas que piensan que son *individuos*, simplemente se dejan presionar por el molde del mundo. No son diferentes en absoluto. Están diciendo: "Descubramos qué está de moda y hagamos eso". Así es como se siente ser diferente para aquellos que aún no pueden entregar sus vidas como un sacrificio viviente al Señor. "Vamos a averiguar qué piensa el mundo estos días y a hacer eso". Eso no es ser diferente. Eso es ser lo mismo. Es humillante ser diferente. Después de todo, ¿quién quiere ser parte del equipo "raro para Dios"? La pregunta es, ¿quieres ser libre o aceptado? Pablo dice: "Quiero que sean libres".

Thomas Jefferson, el autor principal de la Declaración de Independencia, dijo esto: "He jurado sobre el altar de Dios una hostilidad eterna contra toda forma de tiranía sobre la mente del hombre". ¿Dónde comienza la Declaración de Independencia? Comienza en la mente. Del mismo modo, el Señor quiere que nuestras mentes sean liberadas. Es el plan de Dios renovarnos como portadores de Su imagen al renovar nuestra mente. ¿Cómo nos cambia Dios? El cambio tiene que suceder en nuestras mentes. " No se amolden al mundo actual, sino sean transformados mediante la renovación de su mente" (Rom. 12:2). Dios nos transforma al transformar nuestras mentes.

No te conformes al molde del mundo donde te están presionando aparacer diferente afuera de su identidad verdadero adentro. El mundo te está presionando en un molde que no es realmente tú. No te conformes; transfórmate. Ser transformado significa ser *externamente* quien realmente eres *internamente*.

Ser transformado significa ser *externamente* quien realmente eres internamente.

La palabra para transformado es *metamorfosis*. Mientras contemplamos la gloria del Señor, estamos siendo transformados; estamos pasando por una metamorfosis. El verdadero tú que está en Cristo se está volviendo más fuerte y dominante. La nueva naturaleza que tienes está derribando aquel molde al exterior, de modo que el verdadero tú se hace manifestando. Estás siendo transformado. Eso es de lo que habla Pablo. "No dejes que el mundo te modele, sino rompe el molde al renovar tu mente, lo cual permite que el verdadero tú que está en Cristo, salga."

Jesús tenía algo que decir sobre la renovación de la mente de las personas. Oró con pasión por todos los creyentes.

Jesús oró para que tu mente sea renovada.

En su oración en el Huerto de Getsemaní, Jesús dijo: "No ruego solo por estos. Ruego también por los que han de creer en mí por el mensaje de ellos..." (Juan 17:20). Al orar por "los que han de creer", Él estaba orando por ti y por mí. Y esto es lo que Jesús oró: "Santifícalos en la verdad; tu palabra es la verdad" (Juan 17:17). Santifícalos. Cambiarlos. Consagrarlos. La idea aquí es renovar. "Padre, renuevalos a través de tu verdad; tu palabra es verdad". Jesús no dijo: "Tu palabra es verdadera", aunque cada palabra de Dios es verdadera. Él dijo: "Tu palabra es la *verdad*".

La verdad no es relativa. La verdad es objetiva. La verdad es fija. Jesús dijo que la verdad no cambia de cultura a cultura, ni de época a época. No cambia de encuesta a encuesta. "La palabra de Dios es la verdad". Las Escrituras son el estándar objetivo de la verdad. ¿Cómo nos cambia el Señor? Nos cambia con la verdad.

Jesús dijo en Juan 8:32: "Y conocerán la verdad, y la verdad los hará libres". Ahora recuerden las palabras de Pablo: "Pero cada vez que alguien se vuelve al Señor, el velo es quitado. Ahora bien, el Señor es el Espíritu, y donde está el Espíritu del Señor, allí hay libertad" (2 Cor. 3:16-17). La libertad viene de Dios, y Él nos libera cuando nuestras mentes son renovadas por la verdad. Es la verdad que nos hace liberes.

Es la verdad que nos hace libres.

El poder del Dios viviente es la Palabra de Dios que puedas escuchar en la iglesia y también que puedas leer durante la semana. Su propósito es renovar tu mente. "Y conocerán la verdad, y la verdad los hará libres". "Padre, oro por mi pueblo," dijo Jesús. "Santifícalos en la verdad [apártalos]; tu palabra es la verdad" (Juan 17:17).

Uno de los campos de concentración nazis más horrendos fue el de Auschwitz. Más de un millón de hombres y mujeres, niños y niñas judíos, fueron gaseados hasta la muerte en Auschwitz. Sus cuerpos fueron incinerados. Sobre la puerta de entrada a lo que les dijeron que sería su lugar de trabajo colgaba un cartel que decía: "El trabajo os hace libres". ¡Qué mentira monstruosa! Los nazis no tenían intención ninguna de que fueran libres. Su intención era hacer trabajar a los judíos hasta la muerte y, justo antes de eso, gasearlos hasta la muerte, y luego incinerarles. "El trabajo os hace libres". Es una mentira terrible.

Satán es el maestro de las mentiras monstruosas, excepto que nos presenta las mentiras de una manera un poco diferente. Para algunas personas, susurra: *"Sé lo que quieres en la vida, y el trabajo duro te lo conseguirá. El trabajo duro te hará libre"*. Hay miles de cristianos que creen esa mentira, y cada día viven según ese principio. Se dicen a sí mismos: "Vivo para trabajar porque creo que el trabajo me hará libre".

Otros creen en otra mentira de Satanás. *"El dinero te hace libre. Si tienes suficiente dinero, puedes hacer lo que quieras, cuando quieras, donde quieras y como quieras. El dinero te hace libre. Así que haz lo que sea necesario para ganar mucho dinero. No importa cómo, porque el resultado final valdrá la pena"*. El dinero no te libera. Es una mentira. "¿De qué le sirve a uno ganar el mundo entero si se pierde la vida"? (Marcos 8:36).

"¡El poder te hace libre"! "¡El éxito te hace libre"! "¡La popularidad te hace libre"! Todas son mentiras. Un cristiano puede trabajar duro. Puede amar a las personas. Puede esforzarse por la excelencia. Pero lo hace no porque el trabajo lo haga libre, o el dinero lo haga libre, o la popularidad lo haga

libre. Lo hace porque la verdad lo está haciendo libre, y esa verdad está en Jesús. "Así que, si el Hijo los libera, serán ustedes verdaderamente libres" (Juan 8:36).

R.E.A.P.
Guiá Para Cosechar
de La Palabra de Dios

READ (Leer):
- Filipenses 2:12-13
- 1 Tesalonicenses 5:23
- Hebreos 13:20-21
- Romanos 6:13, 8:13, 12:1
- Hebreos 12:14
- 1 Tesalonicenses 4:3
- 2 Corintios 7:1
- 2 Pedro 1:5

EXAMINE (Examinar):
- ¿Qué verdad te llamó la atención del Capítulo 6 de *A Su Imagen*?
- Filipenses 2:12-13 comparte la verdad de que Dios tiene un papel en tu santificación, y tú también tienes un papel. ¿Cuáles son esos papeles?
- 1 Tessalonicenses 5:23 y Hebreos 13:20-21 hablan del papel de Dios en tu santificación. ¿En qué puedes contar con Dios en tu vida según estos versículos?
- Romanos 6:13, 8:13 y 12:1 son mandatos relacionados con el papel "pasivo" del creyente en la santificación. "Pasivo" se refiere a nuestra dependencia de Dios. ¿Cómo te mandan estos versículos en esa responsabilidad "pasiva"?
- Hebreos 12:14, 1 Tesalonicenses 4:3, 2 Corintios 7:1 y 2 Pedro 1:5 son mandatos relacionados con el papel "activo" del creyente en la santificación. ¿Qué nos manda

Dios perseguir activamente para que crezcamos a la imagen de Cristo?

APPLY (Aplicar):

- La mayoría de nosotros hemos escuchado la expresión: "Deja ir y deja a Dios" en relación con nuestro crecimiento espiritual. A la luz de lo que has leído en la Biblia, ¿considerarías este un buen consejo para alguien? ¿Por qué o por qué no?
- ¿Qué nos sucede si descuidamos el papel "pasivo" de confiar en Dios para santificarnos?
- ¿Qué nos sucede si descuidamos el papel "activo" de obedecer a Dios y de "lleven a cabo su salvación con temor y temblor" (Fil. 2:12)?
- Al examinar tu vida, ¿estás de alguna manera desbalanceado entre el trabajo "pasivo" y el trabajo "activo" de la santificación? Si es así, ¿en qué área estás más enfocado y por qué? ¿Qué podría ayudarte a crecer en ambas áreas?

PRAY (Orar):

- A medida que hablas con Dios en oración, agradécele por estar trabajando en ti para hacerte como Cristo. Medita sobre el carácter y la fidelidad de Dios.
- Habla con Dios sobre las áreas donde aún deseas crecer para ser más como Cristo. Rinde tu vida a Él en oración.
- Pídele que continúe cambiando tus deseos y acciones mientras te propones obedecerle.

7

LA
GRAN EXPECTATIVA

A lo largo de este libro, hemos estado en un viaje para descubrir lo que significa para nosotros ser portadores de la imagen de Dios. Es una verdad asombrosa cuando nos detenemos a pensar que cada ser humano es creado a su imagen. Estamos agradecidos por la increíble redención que el Señor nos ha dado al redimirnos como portadores de su imagen. Todo es parte de su gran plan de salvación.

Veamos de nuevo uno de los pasajes más queridos de las Escrituras mientras consideramos lo que comparte sobre lo que Dios está haciendo en nuestras vidas:

> 28 Ahora bien, sabemos que Dios dispone todas las cosas para el bien de quienes lo aman, los que han sido llamados de acuerdo con su propósito. 29 Porque a los que Dios conoció de antemano, también los predestinó a ser transformados según la imagen de su Hijo, para que él sea el primogénito entre muchos hermanos. 30 A los que predestinó, también los

llamó; a los que llamó, también los justificó; y a los
que justificó, también los glorificó.

(Romanos 8:28-30)

El enfoque en el versículo 29 está en el propósito de Dios, que es conformarnos a la imagen de su Hijo. El propósito de Dios no es solo llevarnos al cielo para estar con Él. Su propósito es hacernos lo que fuimos creados para ser—los portadores de la imagen de Dios y ser como su Hijo, que es el portador perfecto de la imagen del Dios Todopoderoso.

Las actividades divinas de Dios son cosas que solo Él puede hacer. Dios *nos conocía de antemano.* Eso significa que nos conocía en una relación amorosa antes de crear los cielos y la tierra. Y luego la Biblia dice que nos *predestinó,* lo que significa que nos señaló como suyos. Luego Dios dice que a los que predestinó, los llamó, y esa es la *llamada* que atrae a las personas a Jesucristo. Esto no solo implica escuchar la Palabra, sino escuchar la *verdad,* que es capacitada por el Espíritu. Esto es lo que atrae a una persona en fe a Jesucristo. Y a aquellos que llamó, los *justificó.* Los declaró justos debido a la perfecta expiación de Jesucristo, quien, en la cruz, se convirtió en nuestro pecado y nos dio su justicia. Nuestro pecado se carga a la cuenta de Cristo y su justicia se carga a nuestra cuenta. No somos hechos espiritualmente neutrales. Somos hechos justos con una justicia que no es nuestra, sino la justicia de Cristo. ¡Qué Salvador! Y a los que justificó, también los *glorificó.* Dios realiza todas esas acciones.

Pero tenemos un área en la que sí participamos personalmente. No podemos *conocernos a nosotros mismos* de antemano. *No podemos predestinarnos.* No podemos *llamarnos a nosotros mismos.* No podemos conferir justicia a nosotros mismos. Ni en absoluto podemos glorificarnos a nosotros mismos. Pero somos participantes en el propósito de

Dios a medida que Él nos conforma a la imagen de su Hijo. No somos piezas de ajedrez neutrales en un tablero divino global. Somos participantes en la obra de Dios en esta Tierra, y somos participantes en la obra de Dios en nuestros corazones. Ahora, ¿cómo facilitamos el proceso de Dios? ¿Cómo participamos en lo que Él está haciendo en nosotros?

ADORACIÓN

Como hemos estudiado, hay tres formas principales en las que podemos responder a lo que Dios está haciendo. Para beneficio de repaso, la primera fue a través de la *adoración*. Nos estamos convirtiendo cada vez más en la imagen de su Hijo cuando realmente lo adoramos.

Tengo dificultad para entender por qué las personas vienen a la iglesia con una actitud abatida y deprimida. Cuando venimos a adorar, sabemos que no saldremos igual que cuando entramos. ¡Qué emocionante! Seremos transformados, no solo cuando nos reunimos en adoración, sino cuando pasamos tiempo constante con el Señor. Nos estamos convirtiendo en como Moisés, quien, después de estar en la presencia del Señor, descendió de la montaña con su rostro resplandeciente. Y se nos dice que ni siquiera sabía que su rostro brillaba. Puede que no seamos conscientes de la transformación, pero las personas a nuestro alrededor la están observando, y todo es para la gloria de Cristo.

COOPERACIÓN

La segunda forma en que podemos responder a lo que Dios está haciendo en nosotros es a través de nuestra *cooperación*. Cooperamos al *ceder* el control y *resistir* la presión de conformarnos. Por la gracia de Dios, resistimos la presión del mundo para conformarnos, y luego cooperamos al estar de acuerdo con Dios mientras Él realiza la obra de renovar nuestras vidas. Simplemente debemos permitir que este increíble cambio ocurra. La verdad es que nuestro mayor problema reside justo entre nuestras propias orejas. Se trata de la mente. Hablamos del corazón, pero el corazón realmente está entre nuestros orejas.

> *No se amolden al mundo actual, sino sean*
> *transformados mediante la renovación de su mente.*
> *Así podrán comprobar cómo es la voluntad de Dios:*
> *buena, agradable y perfecta.*
> (Romanos 12:2)

Es nuestra mente la que necesita renovación. Necesita ser lavada. Algunas personas dicen que no creen en el lavado de cerebro. No quiero hablar por ti, pero, mi cerebro necesita ser lavado regularmente.

EXPECTATIVA

La tercera palabra que describe nuestra participación en este proceso transformacional es la idea de vivir en *expectativa*. Debemos esperar ante el Señor. Esto no es inactividad. Esta es una espera muy activa. *Y mientras* esperamos al Señor, estamos siendo cambiados. Él nos está transformando internamente mientras lo adoramos y estudiamos su Palabra. Pero ocurrirá otro cambio, incluso más que el cambio interno. Dios tiene la intención de transformarnos *externamente* y *eternamente*. Vamos a ser cambiados por fuera también. Esa es la realidad de nuestra esperanza en la resurrección. Todavía no hemos alcanzado la cima de nuestro existencia porque vivimos ahora en expectativa de la resurrección. Mientras enfoquemos en la certeza de esa esperanza, estamos siendo transformados.

A veces, se nos dice que hay *realidad,* y por otro lado hay *esperanza.* Pero cuando eres cristiano, tu realidad resulta ser tu esperanza porque, para nosotros, la esperanza no es una contradicción; no es un pensamiento iluso. La esperanza no significa *desear* que algo suceda. La esperanza es una firme seguridad sobre *lo que va a* suceder porque Dios ha dicho que sucederá. Y la realidad de nuestra esperanza se encuentra en la resurrección. La esperanza de lo que va a suceder cuando el Señor Jesucristo nos dé ese cambio final, esa esperanza es lo que nos está transformando en este momento.

Hay un himno que cantamos frecuentemente cuya letra, traducida del inglés, lamenta: "Soy propenso a vagar, Señor, lo lamento. Soy propenso a dejar al mismo Dios que me ama". ¿Alguna vez se han sentido así? Ciertamente, todos nos damos cuenta de cuán gran cambio debe ocurrir en nuestras vidas. Entonces, ¿qué es lo que tenemos por delante? En la resurrección, debemos esperar un cambio increíble dentro de nuestros cuerpos. "Así sucederá también con la resurrección de los muertos. Lo que se siembra en corrupción resucita en incorrupción" (1 Cor. 15:42). Eso se refiere a nosotros—nuestro cuerpo. Se siembra en deshonor. Se levanta en gloria. Se siembra en debilidad. Se levanta en poder. Se siembra un cuerpo natural pero se resucita uno espiritual. Seremos levantados con un cuerpo espiritual en la resurrección—un cuerpo apto para el mundo espiritual al que vamos. Nuestros cuerpos van a ser transformados, y, por eso, estamos bien agradecidos a Dios. ¿Verdad?!

Todos estamos envejeciendo (algunos más que otros), y vemos la flacidez, la panza, y las arrugas que se manifiestan. Sí, estoy más que listo para la nueva edición. En la resurrección, nuestros cuerpos serán increíblemente transformados, y nuestra imagen también será cambiada. Vamos a experimentar un cambio extremo de imagen.

"Así dice la Escritura: 'El primer hombre, Adán, se convirtió en un ser viviente' [Dios lo formó]; pero el último Adán, se convirtió en Espíritu que da vida" (1 Cor. 15:45, DHH). Eso no significa que Jesús viniera como un espíritu o que resucitara nuevamente como un espíritu. Lo que esto significa es que, al resucitar, su espíritu era dador de vida. El primer Adán se convirtió en un ser viviente. El último Adán se convirtió en un espíritu que da vida. Pero no es lo *espiritual* lo que está primero; es lo *natural* lo que está primero. El cuerpo natural primero, luego el cuerpo espiritual. El primer hombre fue de la tierra y era un hombre de polvo. El segundo hombre, Jesús, vino del cielo.

"Como es aquel hombre terrenal, así son también los de la tierra; y como es el celestial, así son también los del cielo" (1 Cor. 15:48). Sí, somos del polvo y de la tierra, pero poseemos lo que Jesús nos ha dado. Como un espíritu que da vida, Jesús nos ha dado un nuevo nacimiento. Somos hijos de Dios. Somos su pueblo celestial en la Tierra en estos cuerpos terrenales. Ahora, aquí está la promesa: "Y, así como hemos llevado la imagen de aquel hombre terrenal, llevaremos también la imagen del celestial" (1 Cor. 15:49). Llevaremos su imagen perfectamente. Será un cambio increíble de nuestros cuerpos y de nuestra propia imagen.

Cuando finalmente ocurra este cambio, no será un proceso prolongado. Las religiones del Lejano Oriente hablan de ciclos de reencarnación, en los que las personas pasan gradualmente de una forma inferior a una forma superior. Sin embargo, así no es como sucederá el cambio. Seremos alterados de inmediato.

¿Qué tan inmediato es 'inmediatamente'?

51 Fíjense bien en el misterio que voy a revelar: [Esto es algo que nunca se ha revelado antes.] *No todos moriremos, pero todos seremos transformados, 52 en un instante, en un abrir y cerrar de ojos* [en un átomo de tiempo], *al toque final de la trompeta. Pues sonará la trompeta y los muertos resucitarán con un cuerpo incorruptible, y nosotros seremos transformados.*

(1 Corintios 15:51-52)

Un *abrir y cerrar de ojos* aquí significa el tiempo que tarda la luz en reflejarse en tu ojo. ¡Tan rápido! En un *átomo* de tiempo. En un momento, como el reflejo de luz en tu ojo, sonará la última trompeta. "Pues sonará la trompeta y los muertos resucitarán con un cuerpo incorruptible, y nosotros seremos transformados" (1 Cor. 15:52). Seremos transformados en nuestro cuerpo espiritual y celestial. Este será el cuerpo que tendremos para el mundo venidero. Se nos dará en un átomo de tiempo. Sucederá en un "abrir y cerrar de ojos". Los muertos y los que están vivos serán transformados.

Va a suceder en un momento, pero no va a durar solo un momento porque, fíjate—vamos a ser transformados de *inmediato*, pero también cambiados *inmortalmente*. Inmediato pero inmortal. Vivos para siempre.

53 Porque lo corruptible tiene que revestirse de lo incorruptible y lo mortal, de inmortalidad. 54 Cuando lo corruptible se revista de lo incorruptible y lo mortal, de inmortalidad, entonces se cumplirá lo que está escrito: "La muerte ha sido devorada por la victoria".

(1 Corintios 15:53-54)

¡Qué esperanza! Y esta esperanza literalmente nos cambia a medida que nos enfocamos en ella. Si esta promesa de la resurrección es la fuente de nuestra esperanza, estamos siendo transformados. Se están produciendo resultados. A medida que realmente crees que el Señor va a venir y te va a resucitar, y que vas a ser cambiado, ese conocimiento de la promesa trae resultados poderosos en tu vida. No solo estamos esperando que esto suceda, sino sabiendo que sucederá y anticipando que suceda, *ESO* es lo que comienza a cambiarte.

¿Qué tipo de cambio produce? Bueno, te permite enfrentar todo de manera diferente. Cuando sabes que tu esperanza es la realidad de la resurrección, cómo enfrentas todo en tu vida se altera. Enfrentas la muerte de manera diferente. Tienes alabanzas al enfrentar la muerte.

54 Cuando lo corruptible se revista de lo incorruptible y lo mortal, de inmortalidad, entonces se cumplirá lo que está escrito: "La muerte ha sido devorada por la victoria".

55 "¿Dónde está, oh muerte, tu victoria?
¿Dónde está, oh muerte, tu aguijón?".

56 El aguijón de la muerte es el pecado y el poder del pecado es la Ley. 57 ¡Pero gracias a Dios que nos da la victoria por medio de nuestro Señor Jesucristo!
(1 Corintios 15:54-57)

El pecado ha sido tratado por Jesús. El poder del pecado es la ley—la ley que no pudimos cumplir, la ley que no pudimos seguir, la ley que habíamos quebrantado. Pero Jesús también se ocupó de eso. Él cumplió la ley por nosotros y aceptó la muerte por nosotros. Y ahora, podemos enfrentar la muerte, diciendo: "¿Muerte, dónde está tu victoria? ¿Muerte, dónde está tu aguijón"?

Recuerdo que un día, de pequeño, montaba en el coche de regreso a casa después de la iglesia. Teníamos las ventanillas bajadas y una abeja entró en nuestro coche. Esa abeja se posó sobre mí y, sin pensar en las consecuencias, la golpeé, y todo lo que logré fue enfurecer a la abeja. Muy enfadada. Me picó en la mano y grité: "¡Ay! ¡Esa abeja me picó"! y empecé a llorar, mientras la abeja volaba por el coche.

Desesperadamente, todos en el coche empezaron a agitarse y a intentar espantarla. Mis familiares tenían sus Biblias en la mano y las movían contra la abeja. ¡Nuestro coche parecía un "Plymouth Pentecostal" avanzando por la carretera! Había Biblias y manos en el aire. No habrías pensado que habíamos asistido a un servicio de iglesia bautista. Todos en el coche estaban aterrados, pero teníamos miedo de algo que ya no representaba ningún peligro porque el aguijón estaba en mi mano. Y una vez que una abeja pica, no puede picar de nuevo.

La muerte vuela a nuestro alrededor. La muerte puede asustarnos, pero toma pausa a pensar: ¿Por qué deberíamos temer a la muerte cuando el aguijón de la muerte ya ha sido puesto en la mano del Señor Jesucristo? ¡Él ya ha vencido a la muerte!

Debido a lo que Jesús hizo por nosotros en la cruz, tenemos *alabanza* ante la muerte, y podemos tener un *propósito* ante la vida si creemos en la resurrección. Si crees que vas a ser transformado. Si crees que realmente vas a ser diferente de lo que eres ahora, eso te hace desear vivir de manera diferente y practicar el proceso de transformación en este momento.

Por lo tanto, mis queridos hermanos, [debido a la resurrección, porque serás cambiado, porque tu cuerpo natural va a tener un cuerpo espiritual, porque Jesús está regresando y serás cambiado en un instante, en un abrir y cerrar de ojos, porque la muerte ha sido conquistada y no tiene aguijón para ti] *manténganse firmes e inconmovibles,*

progresando siempre en la obra del Señor, conscientes de
que su trabajo en el Señor no es en vano.

(1 Corintios 15:58)

La idea de que los seguidores de Jesús deben estar contentos de vagar por la vida hasta llegar a la Tierra Prometida no es cierta en absoluto. Una persona con esa actitud y ese plan nunca ha experimentado la gracia salvadora de Cristo. Nunca ha conocido el poder redentor de una nueva naturaleza. Una persona que ha nacido de nuevo y tiene la esperanza de Cristo, la vida eterna y la confianza en la resurrección y el cielo dice: "Quiero vivir como si estuviera yendo allí ahora mismo".

¿Eso describe a tí? ¿Hay motivación en tu corazón para vivir una vida como portador de la imagen de Cristo? Si realmente creemos que Él viene, deberíamos vivir con alabanza ante la muerte, sí, y con un propósito ante la vida, pero también con pureza ante Cristo. Queremos vivir una vida pura porque sabemos que Jesús viene y lo vamos a ver. Juan, el último de los apóstoles, escribió algunas palabras increíblemente bellas y poderosas en 1 Juan 3:1-3:

> *1 ¡Fíjense qué gran amor nos ha dado el Padre, que se*
> *nos llame hijos de Dios! ¡Y lo somos! El mundo no nos*
> *conoce, precisamente, porque no lo conoció a él.*
> *2 Queridos hermanos, ahora somos hijos de Dios, pero*
> *todavía no se ha manifestado lo que habremos de ser.*
> *Sabemos, sin embargo, que cuando Cristo venga*
> *seremos semejantes a él, porque lo veremos tal como él*
> *es. 3 Todo el que tiene esta esperanza en Cristo se*
> *purifica a sí mismo, así como él es puro.*

¡Guau! ¡Piénsalo! ¡Qué revelación! He aquí qué tipo de amor nos ha dado el Padre, que seamos llamados hijos de Dios, y eso es lo que somos. Eso es lo que *realmente* somos. ¡Qué anticipación es pensar en lo que seremos cuando venga Jesús! No sabemos exactamente lo que vamos a ser, pero sabemos que cuando Él venga, seremos como Él. Y lo veremos tal como es. ¡Qué motivación! Nos hace querer vivir como hijos de Dios ahora. Nos purificamos no porque tengamos miedo de que Jesús nos condene. No estamos tratando de hacernos aceptables para Él. Estamos aceptados en Él por su gracia, y debido a que tenemos esta esperanza, nos purificamos con alegría ahora.

Hace algún tiempo, mi esposa Susan se sometió a una cirugía para un reemplazo parcial de rodilla, y se recuperó muy bien. Yo fui el "cargador de hielo" durante unas semanas y me convertí en uno de los clientes más fieles de la tienda de conveniencia local. Durante el proceso de recuperación, algunas damas decidieron que llevarían comidas. Incluso crearon una página web en Internet para que pudieras ver qué iba a llegar a la casa de los Polson para la cena. ¿Y adivina qué? Mis hijos adultos se enteraron de esa página web. Fue notable verlos aparecer de repente en la puerta porque habían visto qué había para la cena esa noche. Fue bastante humillante para mi esposa y para mí recibir esas comidas, y un poco irritante que nuestros hijos las comieran. Pero noté algo. Mientras esperábamos a que la persona trajera la comida, mirábamos alrededor para ver si la casa estaba ordenada.

Mi esposa es una excelente ama de casa. En cuanto a ustedes, queridos lectores, voy a concederles el beneficio de la duda y imaginar que en sus casas nunca haya platos en el fregadero ni nada en la encimera. Pero unos minutos antes de que llegaran nuestros huéspedes con la comida, de repente me interesé en los platos y utensilios que estaban por ahí. Pensé que podría limpiar un poco rápidamente. A mi esposa Susan le encantó. Ella se sentó en el sofá con hielo puesto en la rodilla, incapaz de hacer nada, simplemente disfrutando de verme mostrar un interés repentino en limpiar las cosas porque venían visitas.

Bueno, tengo algunas noticias, amigos. Viene una visita. Viene el Rey. Quizá tengamos que arreglarnos un poco. El apóstol Juan continúa diciendo: "Todo el que tiene esta esperanza en Cristo se purifica a sí mismo, así como él es puro." La esperanza de ver a Jesucristo y estar con Él proporciona la motivación. Todo gira en torno a Él.

Entonces podemos recitar: "Ven, Fuente de Vida Eterna. Ven, Rey Glorioso. Ven, precioso Príncipe de la Paz. Escucha a tu novia, la iglesia, mientras invoca: 'Ven, Fuente de nuestra bendición.'"

¡Qué plan ha proporcionado el Padre Celestial para vidas como las nuestras, tan marcadas por nuestro egoísmo y pecado! A través de Su gracia asombrosa y el amor infinito de Jesús, tenemos el privilegio de restaurarnos a la vida que estábamos destinados a vivir: la vida de un hijo de Dios, una vida vivida para siempre *A Su Imagen*.

A Él sea la gloria, por los siglos de los siglos. Amén.

R.E.A.P.
Guiá Para Cosechar
de La Palabra de Dios

READ (Leer):
- 1 Juan 3:2-3
- Romanos 8:18-25
- 1 Corintios 15:50-58

EXAMINE (Examinar):
- ¿Qué verdad te impactó de *A Su Imagen*, Capítulo 7? ¿Qué es lo que más esperas acerca del cielo?
- Según 1 Juan 3:2-3, ¿cuándo experimentaremos la glorificación? ¿Cómo debería esa esperanza motivarnos ahora?
- ¿Qué sucederá cuando seamos glorificados (Rom. 8:21, 23)? ¿Cómo debería esa esperanza cambiar la forma en que vivimos hoy (Rom. 8:18)?
- ¿Cuáles serán los resultados cuando seamos completamente glorificados (1 Cor. 15:51, 54)? ¿Cómo debería esa esperanza motivarnos ahora (1 Cor. 15:58)?

APPLY (Aplicar):
- ¿Cómo te han desafiado o animado estos pasajes?
- Para los creyentes, un día, la imagen de Cristo será completamente nuestra. No enfrentaremos más dolor, sufrimiento ni pecado, sino que experimentaremos la plena vida con Dios para la que originalmente fuimos creados. ¿Es significativa para ti la esperanza futura de tu glorificación?
- Si esa esperanza no es significativa para ti en este momento, ¿qué tendría que suceder en tu vida para que

desearas a Cristo y anhelaras que su imagen sea restaurada en ti?

PRAY (Orar):

- Alaba a Dios por su compromiso contigo a lo largo de tu vida: para salvarte, santificarte y para culminación, glorificarte.
- Pide a Cristo un mayor amor por Él y su Palabra, en particular por sus promesas de transformarte.

EPÍLOGO

C omo hemos estudiado en este libro, *A Su Imagen*, debemos cooperar con Dios mientras nos conforma a la imagen de Cristo. Debemos dedicarnos a ese proceso y a Él. Sin embargo, también somos responsables de trabajar con Dios de maneras que solo pueden hacerse juntos. Dios nos llama a ti y a mí a la adoración junto con otros seguidores. La adoración es solo para Dios, pero hacemos un progreso significativo mientras estamos en compañía de otros.

19 Así que, hermanos, mediante la sangre de Jesús, tenemos confianza para entrar en el Lugar Santísimo 20 por el camino nuevo y vivo que él nos ha abierto a través de la cortina, lo cual hizo por medio de su cuerpo. 21 También tenemos un gran sacerdote al frente de la casa de Dios. 22 Acerquémonos, pues, a Dios con corazón sincero y con la plena seguridad que da la fe, interiormente purificados de una conciencia culpable y los cuerpos lavados con agua pura. 23 Mantengamos firme la esperanza que profesamos, porque fiel es el que hizo la promesa. 24 Preocupémonos los unos por los otros, a fin de estimularnos al amor y a las buenas obras. 25 No dejemos de congregarnos, como acostumbran hacer algunos, sino animémonos unos a otros, y con mayor razón ahora que vemos que aquel día se acerca.
(Hebreos 10:19-25)

El autor del Libro de Hebreos hace un punto una y otra vez: Jesucristo es superior a todo lo que el Antiguo Pacto tenía para ofrecer. Cristo y su obra hacen que todas las obras del Antiguo

Pacto ya no sean necesarias. Él es el único camino suficiente para acercarse a Dios. Así que, mientras nos enfocamos en perseguir la imagen de Cristo *juntos*, sabemos que podemos hacerlo con una confianza inquebrantable. Dios dice que su pueblo, al que llama a sí mismo en la adoración pública, puede hacerlo con confianza. No tenemos que dudar en nuestros intentos de seguir a Dios porque Jesús ha abierto el camino hacia Dios, y Él permanece como nuestro sumo sacerdote ante Dios.

El libro de Hebreos aborda la dependencia que el pueblo judío tenía de observar las proporciones sacrificiales de la ley para estar en armonía con Dios y cumplir y obedecer sus mandamientos. Como hemos estudiado, esta cuidadosa observancia de la ley comenzó en el huerto cuando Dios creó a Adán y a Eva, y ellos pecaron. Dios los expulsó del huerto y colocó a los querubines con una espada llameante junto a la puerta para evitar que la gente que Dios creó regresaran y así no murieran. Su única esperanza era que Dios proporcionara algún medio por el cual pudieran acercarse a Él una vez más.

Dios levantó a un hombre, Abraham, lo llamó a una relación con Él y le prometió: "Multiplicaré a tus descendientes como las estrellas del cielo y les daré todas esas tierras. Por medio de tu descendencia todas las naciones de la tierra serán bendecidas..." (Gén. 26:4). Cuatrocientos años más tarde hubo una hambruna. Los descendientes de Abraham viajaron a Egipto en busca de ayuda y permanecieron allí, gracias a su conexión con un hombre, José.

Pero a medida que pasó el tiempo y cientos de años se sucedieron, el rey de Egipto ya no consideraba a Israel ni a su Dios y los tenía atrapados en la esclavitud. Dios levantó a otro hombre, Moisés, y lo llamó para que fuese a Egipto y desafiara al rey a "Dejar ir a mi pueblo" (Éx. 5, 8, 9, 10). Dios liberó a su pueblo a través de muchas plagas y los llamó al monte Sinaí, donde se les otorgó la ley. En esa ley, Dios estipuló que construirían un tabernáculo para llevar consigo en su éxodo fuera de Egipto. En ese tabernáculo, debían crear un lugar santísimo donde Dios les ordenó construir un asiento para Él— un trono en el que pudiera sentarse, y prometió que caminaría con ellos y estaría con ellos. Nadie podía entrar en el lugar santo dónde residía la presencia de Dios, excepto un mediador que se hubiera preparado cuidadosamente de acuerdo con la ley de Dios.

Cuando Israel fue establecido en la tierra de las naciones, se construyó un templo permanente, que también contenía un lugar sagrado. Dentro, se colgó una cortina para dividir al pueblo de la presencia de Dios. Imágenes de los querubines estaban en esa cortina, que medía 60 pies de altura, 30 pies de ancho y 4 pulgadas de grosor. Esas imágenes nos recordaban que el camino de regreso al huerto había sido cortado. El acceso a Dios estaba prohibido. Solo un hombre solitario podía entrar, y por sola una vez al año, portando la sangre sacrificial para esparcirla sobre el altar.

Cuando Jesús llegó, había otro templo que Herodes había reconstruido porque el primero había sido destruido. También tenía una cortina que dividía al pueblo del acceso irrestricto a Dios. Cuando Cristo Jesús murió en la cruz, esa cortina del templo, de 60 pies de altura, 30 pies de ancho y 4 pulgadas de grosor, fue rasgada de arriba a abajo (Mateo 27:51). Cuando Jesús exhaló su último aliento y dijo: "Todo se ha cumplido" (Juan 19:30), todo el trabajo necesario para que el hombre tuviera acceso a Dios estaba completo. Terminado. Hecho. Jesús lo hizo, y lo hizo derramando su sangre. Esta es la confianza que tenemos. El autor de la carta a los Hebreos alentaba al pueblo de Dios a acercarse y rechazar cualquier cosa que no los llevara a Cristo. Ahora podían perseguir a Jesús con un corazón verdadero, lleno de devoción y fe.

Pero la confianza de hoy para el pueblo de Dios es aún mayor. Como cuerpo de la iglesia, nuestra confianza no se limita a que el camino esté abierto y que podamos entrar. Nuestra confianza radica en el hecho de que Jesús todavía reina vivo hoy, y sigue siendo nuestro sumo sacerdote. Hebreos 7:25 dice: "Por eso también puede salvar por completo a los que por medio de Él se acercan a Dios, ya que vive siempre para interceder por ellos".

Todos los puntos en Hebreos que conducen a esta sección de la Escritura afirman que Jesús está plenamente familiarizado con cada una de nuestras debilidades. Experimentó tentación igual que tú y yo. El hecho de que Jesús nunca pecó no lo convierte en un Salvador insensible; lo convierte en el único Salvador. Si hubiera pecado, habría sido como nosotros. Dado que no pecó, puede entender, con misericordia, nuestra aprieto. Esto hace de Jesús un sacerdote compasivo mediando a nuestro favor para que podamos tener confianza de que siempre tendremos acceso a Dios.

No puedes hacer nada para mantenerte en la gracia de Dios. Jesús lo hizo todo y continuará ministrándote para siempre. Si has llegado a Dios a través de Jesús, perteneces a Dios. Él te ha buscado, y nunca te abandonará. Esta es la fuente de nuestra confianza.

Hebreos 10, verso 22 contiene la primera de tres frases de acción: "Acerquémonos, pues, a Dios con corazón sincero..." Luego, el versículo 23, "Mantengamos firme..." y finalmente leemos "Preocupémonos los unos por los otros, a fin de estimularnos..." El lenguaje no es singular; ¡sino en plural! Tenemos un papel para desempeñar *juntos*.

La primera de las tres aplicaciones en plural es: "Acerquémonos a Dios en fe con un corazón verdadero lleno de devoción". Dios nos llama a la adoración corporativa y nos pide que vengamos con un corazón genuino, no por nuestros propios propósitos. Solo Dios debe ser nuestro enfoque. La segunda acción es: "Mantengamos firme la esperanza que profesamos, porque fiel es el que hizo la promesa" (Heb. 10:23). En el libro de Hebreos, hasta este punto, ha habido un hilo de esperanza que ha unido estos textos. Jesús es superior en todos los aspectos. Él es el sacrificio por nuestros pecados. Él es el sacerdote viviente que ministra a nosotros y por nosotros en la presencia de Dios.

Cuando la Biblia habla de la esperanza en Hebreos 6, se refiere a la esperanza como un *ancla*.

Tenemos como firme y segura ancla del alma una esperanza que penetra hasta detrás de la cortina del santuario, hasta donde Jesús entró por nosotros para abrirnos camino, llegando a ser sumo sacerdote para siempre, según el orden de Melquisedec.
(Hebreos 6:19-20)

Con frecuencia, hablamos de la esperanza como ese futuro incierto que estamos "más o menos" pensando que podría materializarse. Por irrelevantes que parezcan nuestras vidas en este momento, nos encontramos buscando algún golpe de suerte esa gran oportunidad que se avecina. Si este año ha sido difícil, esperamos que el próximo sea un poco mejor.

Recientemente leí que un profesor de la Universidad de Nueva York encuestó a 3,000 personas, preguntándoles: "¿De qué tienes que vivir?" Se sorprendió al descubrir que el 94 por ciento estaba soportando el presente mientras esperaban un futuro mejor. Nosotros, los cristianos, vivimos por la realidad de lo que ya se ha hecho. Jesús, como nuestro precursor, ha entrado en el lugar santo de Dios, donde reina, y Jesús está allí ahora. Él se aferra a nosotros. Cuando temo que mi esperanza no es mejor que la de aquellos encuestados por este profesor de la Universidad de Nueva York, mis compañeros creyentes me recuerdan que mi esperanza está en Cristo, quien me sostiene con firmeza.

Si no tienes amor por Jesucristo ni sabes que Él te sostiene, dile ahora: "Creo en lo que has logrado por mí en la cruz. Soy un pecador y necesito que me salves y seas mi Rey. Perdóname, y gracias por lo que has hecho". Este es el comienzo de una relación basada en los hechos y la verdad de quién es Jesús y lo que ha hecho por nosotros.

El tercer acción en plural se encuentra en Hebreos 10:24-25:

> *Preocupémonos los unos por los otros, a fin de estimularnos al amor y a las buenas obras. No dejemos de congregarnos, como acostumbran hacer algunos, sino animémonos unos a otros, y con mayor razón ahora que vemos que aquel día se acerca.*

"Estimular" proviene de una palabra griega, *paroxysm,* pero no captura la fuerza de la palabra original la cual significa "un ataque violento", o "una erupción de temblores". Es como usar una pistola Taser sobre tu hermano en la iglesia para darle un golpe de electricidad. En otras palabras, debemos descubrir cómo ser una erupción repentina de amor y buenas obras que sea útil para nuestros compañeros cristianos.

La confianza que *sentimos* que necesitamos para alentar a nuestros compañeros cristianos o para dar testimonio a los incrédulos no debe venir de nosotros mismos, sino de Él que nos creó *A Su Imagen*. Dios envió a su Hijo para lograr por nosotros lo que nunca podríamos haber hecho por nosotros mismos. Y ahora, mientras somos siendo restaurados a Su imagen, nos encontramos completamente capacitados para toda buena obra (2 Tim. 3:17).

Pastor Joe Kappel
West Park Baptist Church

ACERCA DE LA EDITORIAL
CLIMBING ANGEL PUBLISHING

La editorial, Climbing Angel Publishing, comparte historias de esperanza y aliento, fomenta el reuniendo de comunidad y apoya el proceso de mejoramiento. Los siguientes libros están disponibles en las principales librerías en línea.

LIBROS PARA ADULTOS: (Romanos 8:28-30)

A Su Imagen por Sam Polson
(Inglés, Rumano, Mandarín, & Español)
By Faith por Sam Polson (Inglés & Rumano)
My Birthday Gift to Jesus por Lisa Soland
Without Ceasing por Dr. Dennis Davidson
SonLight: Daily Light from the Pages of God's Word
por Sam Polson
Corona Victus por Sam Polson (English & Romanian)
Art Bushing: His Diary, Letters, & Photographs of WWII
por Art Bushing
Art & Dotty: His Diary, Their Letters & Photographs of WWII
por Art Bushing
Trimisul por Stan Johnson (Rumano)
Life Changing Prayer por Sam Polson
The Climbing Angel Christmas Treasury, por varios autores
J. Calvin Coolidge: Letters from the Korean War
por J. Calvin Coolidge
Stories from Kingman, AZ: The Heart of Historic Route 66
por Loren B. Wilson
Pathways: Ancient Paths from the Pages of the Old Testament
por Sam Polson
Fear Not por Sam Polson

LA SERIE DE SERMONES INDIVIDUALES: (1 Pe. 3:15)

Jesus is Alive! por Mike Sager
My Mother's Bible por Sam Polson
The Lost Boys por Jake Bishop
Melchizedek: A Shadow of Christ por Jerry Scheumann
A Servant of Christ por James Alan Lynch
Dreaming God's Dream por Dr. Al Cage
Resisting Sin por Colin Hughes
A Call to Christians por Chris Reed

LIBROS PARA NIÑOS: (Filipenses 4:8)

The Christmas Tree Angel por Lisa Soland
The Unmade Moose por Lisa Soland
Thump por Lisa Soland
Somebunny To Love por Lisa Soland
(Inglés & Mandarín)
The Truth About God's Rainbow por Lisa Soland
God's Promises por Lisa Soland
The Boy & The Bagel Necklace por Lisa Soland
God's Hands and Feet por Lisa Soland
I Like To Be Quiet por Joni Caldwell
Wheels Off! por Karlie Saumier
Ella's Trip of a Lifetime por Melanie Ewbank
Because You Are Mine por Gayle Childress Greene
Jeremy Plays the Blues por Amy Oden Simpson
Bad Hair Day por Jasmyne Simpkins
I Like To Read por Joni Caldwell
Trunks Up! por Karlie Saumier
Perusha's Paradise por Bette Reed Smith
Ruby and the Treasure Within por Tonya Celeste Hobbs
Abby, the Wonder Dog & her Warrior Princess
por Melanie Ewbank
The Christmas Coat por Lisa Soland
Danger Around the Bend por Karlie Saumier